Juliet Cassuto Rothman

Wenn ein Kind gestorben ist

W0086318

HERDER spektrum

Band 5297

Das Buch

Eltern verlieren ein Kind – und verstehen die Welt nicht mehr: Es ist, als würde die eigene Zukunft wegbrechen. Juliet Cassuto Rothman hat diese Erfahrung selbst gemacht, und sie hat in der Folge viele Eltern begleitet, die vom gleichen Schicksal betroffen waren. Sie schildert, welche Gefühle im Zusammenhang mit dem Verlust auftreten können und wie Geschwister, Großeltern, Freunde die Situation erleben. Und sie macht Eltern Mut: Egal, was sie fühlen – es ist in Ordnung. Wichtig ist, auf die eigenen Gefühle zu hören und andere wissen zu lassen, was man braucht. Denn gerade in einer solchen Situation kommt es darauf an, eigene Wege durch die Trauer zu finden.

Ein praktischer und einfühlsamer Ratgeber für Betroffene und alle, die ihnen nahestehen.

Die Autorin

Juliet Cassuto Rothman, Ph. D., ist Sozialarbeiterin und in der Weiterbildung tätig, vor allem in der Trauerarbeit. Sie selbst hat ihren Sohn Daniel verloren. Sie ist verheiratet und Mutter zweier Töchter.

Juliet Cassuto Rothman

Wenn ein Kind gestorben ist

Trauerbegleiter für verwaiste Eltern

Aus dem Amerikanischen
von Marielies Urban

HERDER

FREIBURG · BASEL · WIEN

Titel der amerikanischen Originalausgabe:
The Bereaved Parents' Survival Guide
© 1997 by Juliet Cassuto Rothman
Published by arrangement with
The Continuum Publishing Company

Gedruckt auf umweltfreundlichem,
chlorfrei gebleichtem Papier

Alle Rechte vorbehalten – Printed in Germany
© für die deutsche Ausgabe: Verlag Herder Freiburg im Breisgau 1998
www.herder.de
Herstellung: fgb · freiburger graphische betriebe 2002
www.fgb.de
Umschlaggestaltung und Konzeption:
R·M·E München/Roland Eschlbeck, Liana Tuchel
Umschlagmotiv: © SuperStock
ISBN 3-451-05297-0

Inhalt

Dank

Ich möchte mich für die Hilfe bedanken, die mir von anderen verwaisten Eltern entgegengebracht wurde. Geduldig lasen sie dieses Manuskript und gaben mir Anregungen. Mein besonderer Dank gilt Ann und Noel Castiglia, den Eltern von Tria; Marlen und Gene Maier, den Eltern von Eric; Paula Muelhauser, der Mutter von Chad; Joan und Carl Para, den Eltern von Brian; Rose Queen, der Mutter von Rashad; Donna Rohrbaugh, der Mutter von James Ryan, und Vickie Waidner, der Mutter von Jonathan und Chip.

Mein Mann, Leonard, ermutigte und unterstützte mich jeden Tag und hatte immer Verständnis für mich. Er las dieses Manuskript geduldig immer wieder und verbrachte viele Abende allein, während ich arbeitete. Er half mir, daß ein Kapitel nach dem anderen ausgedruckt werden konnte, oft erst um drei Uhr morgens. Ohne seine Hilfe hätte ich dieses Buch nicht schreiben können.

Einführung

Am 3. Juli 1992 erhielten mein Mann und ich einen Anruf, der unser Leben für immer veränderte. Unser Sohn war bei einem Tauchunfall schwer verletzt worden. Er starb am 17. September 1992. Seitdem sind wir verwaiste Eltern.

Damals fühlte ich, und ich fühle es noch heute, daß zwischen dem Menschen, der ich war, und dem Menschen, der ich jetzt bin, eine Kluft besteht. Die äußeren körperlichen Orientierungspunkte in meiner Welt sind zwar gleich geblieben; doch die inneren geistigen, körperlichen und emotionalen haben sich verändert und verändern sich immer noch.

Während der ersten Monate nach dem Tod meines Sohnes waren die Veränderungen besonders groß. Sie ließen mich hilflos ohne Ruder in unbekannten Wassern treiben. Selbst mit Rudern hätte ich nicht gewußt, in welche Richtung ich hätte paddeln sollen. Diese Veränderungen ließen mich einsam und verlassen auf unbewohnten Inseln zurück, ohne irgend jemanden, mit dem ich hätte sprechen können. Sie ließen mich auf Berggipfeln zurück, auf denen ich nach Gott, nach dem Universum und nach Erklärungen suchte, und ich fand nur Stille und die Echos meiner eigenen Rufe. Vielleicht waren die Veränderungen am schmerzvollsten, die mich in meiner eigenen Welt zurückließen, einer Welt, in der ich mich fremd fühlte. Ich konnte mich in dieser Welt nicht mehr so bewegen, wie ich es immer getan hatte. Ich wußte nicht, wie ich mich bewegen sollte. Deshalb bewegte ich mich eine sehr lange Zeit überhaupt nicht. Ich blieb in mich verschlossen, nur eine Hülle des Menschen, der ich einmal war.

In diesen ersten Wochen und Monaten bemühte ich mich zu verstehen, was mir widerfahren war. Ich kämpfte mit dem

schrecklichen körperlichen Schmerz, der einen Verlust begleitet. Ich schloß mich einer Selbsthilfegruppe anderer verwaister
Eltern an. Ich las Bücher über die verschiedenen Stufen des
Trauerns. Ich suchte nach allem, das einen Bezug zu dem Verlust eines Kindes hatte. Ich las über Erfahrungen vom Leben
nach dem Tod und über Engel. Ich las religiöse Abhandlungen.
Ich weinte viel.

Nach einer Weile fand eine weitere Veränderung statt. Ich
kehrte zu meiner Arbeit zurück und stellte fest, daß mir eine
enorme Quelle an Information und Hilfe in meinem eigenen
Beruf zur Verfügung stand. Ich bin im sozialen Bereich tätig
und unterrichte an der „National Catholic School of Social Ser-
vice". Jahrelang habe ich mit dem Tod und dem Sterben zu tun
gehabt, als ich todkranke Patienten und ihre Familien über
Unterhaltsbeihilfe und auch über künftige Verhaltensregeln
beriet. Ich sprach auch mit ihnen darüber, wie sie das nahende
Ende ihres eigenen Lebens oder eines geliebten anderen Menschen empfanden. Ich habe mit verwaisten Söhnen und Töchtern, Ehepartnern und Freunden gearbeitet. Immer wieder las
ich alles mir Zugängliche über die Beratung von Sterbenden
und Kummerbeladenen und versuchte, diese Ideen und Vorschläge nun auf mich selbst anzuwenden.

Fünf Jahre vor dem Tod meines Sohnes war ich an die Universität zurückgekehrt, um Philosophie zu studieren und mich
besser auf die Arbeit mit den letzten Fragen, die Tod und Sterben umgeben, vorzubereiten. Ich hatte versucht, die Weisheit
der großen Denker in meine eigene Arbeit einzugliedern, in
meine Arbeit mit Klienten und in meinen Unterricht. Als dann
mein Sohn starb, wurde mir klar, daß ich diese erweiterte
Sichtweise selbst benötigte, um das Geschehene zu verstehen.

Mit den Jahren sind die Veränderungen geringer geworden
und weniger unerwartet. Ich habe gelernt, sie manchmal zu
lenken und zu kontrollieren. Ich weine noch. Ich trauere jeden
Tag, aber ich habe gelernt, etwas besser „auf den Wellen zu rei-
ten" und nicht so oft und so leicht wie vorher „unterzugehen",
wie meine Kinder es ausdrückten.

Ich habe versucht, Kontakt zu finden zu anderen, die genau

wie ich den furchtbaren Verlust eines Kindes erfahren haben. Ich habe versucht, anderen zu helfen, auf jenem kummerbeladenen Weg langsam und mit Schmerzen zu gehen. Hierbei habe ich meinen Erfahrungsschatz, all meine beruflichen Fähigkeiten und mein ganzes philosophisches Wissen genutzt. In dem Bemühen, anderen zu helfen, habe ich begriffen, daß ich auch mir helfe, wenn ich ihnen helfe, daß jeder Mensch, mit dem ich Erlebnisse teile, mir selbst das Geschenk eines neuen Verstehens gibt.

Ich muß immer wieder auf die Worte des *Gebetes der Gelassenen Heiterkeit* zurückkommen:

Gott helfe mir, das anzunehmen, was ich nicht ändern kann, er gebe mir die Kraft, das zu verändern, was ich ändern kann und die Weisheit, den Unterschied zu erkennen.

Mein Kind ist tot. Ich kann es nicht ändern. Auch Sie können das Geschehene nicht ändern. Doch ich kann ändern, wie ich auf diesen Tod reagiere, wie ich ihn verarbeite und in meine Lebenserfahrung einbeziehe. Dieses Buch wurde geschrieben, um uns allen bei dieser Aufgabe zu helfen, die eine der schwersten im Leben ist.

Es ist mir eine Ehre, daß Sie als Leser diese Reise mit mir machen werden. Wir wollen versuchen, diesen Weg gemeinsam zu gehen. Ich grüße Sie und reiche Ihnen meine Hand. Sie sind meine Brüder und Schwestern.

Kapitel 1
Theoretische Grundlagen: Haben Sie
Geduld mit sich selbst

Theorien sind zwar nicht der wichtigste Teil unserer Aufgabe, doch sie können uns zum Verständnis dessen, was uns zugestoßen ist und uns sogar noch immer zustößt, ein inneres Gerüst zur Verfügung stellen. Sie helfen uns, unsere eigenen Reaktionen und Gedanken richtig einzuordnen. Auf eine gewisse Weise helfen sie uns auch zu sehen, daß wir nicht allein sind und daß andere diesen Weg schon vor uns gegangen sind.

Erst in jüngster Zeit wird daran gearbeitet, die Gefühle, Gedanken und Probleme von verwaisten Eltern zu verstehen. Die Theorien, die ich erwähnen möchte, beruhen auf Untersuchungen über den Verlust im allgemeinen. Nach meiner Erfahrung treffen die „Stufen des Trauerns" auch für verwaiste Eltern in etwa zu, aber unser zeitlicher Rahmen ist vollkommen anders. Der Verlust eines Elternteils ist „natürlich", wird oft sogar erwartet. Der Verlust eines Ehepartners ist viel komplizierter – der Verlust eines Lebensgefährten beeinflußt jeden Aspekt unseres Seins. Doch von Anfang an wissen wir, daß aller Wahrscheinlichkeit nach einer von uns dem anderen auf der Reise in das Unbekannte vorangehen muß. Der Verlust eines Kindes jedoch bringt unsere Vorstellung von der „natürlichen Ordnung der Dinge" durcheinander. Gegen diese Übertretung schreien wir vor Wut und Zorn immer wieder laut auf. Auch wenn wir uns noch so gut vorbereiten, ist das Loslassen nicht einfach. Ein Kind zu verlieren, ist ungerecht, unnatürlich und scheint letztlich ganz und gar unannehmbar.

Trotzdem gibt es einige wesentliche Bestandteile des Trauerns, die wir mit allen anderen teilen, die einen Verlust erlitten haben. Wir sind zornig, wir lehnen ab, wir „feilschen". Wir versuchen, unseren Schmerz in „Was wäre, wenn"-Formulierungen zu ersticken. Und von einem gewissen Punkt an erreichen wir hoffentlich einen Ort des Verstehens und Friedens.

Die bekannteste Arbeit zum Thema Tod, Sterben und Verlust stammt von Elisabeth Kübler-Ross, die auch ein Buch über „Kinder und Tod" geschrieben hat. Eine „holistische" Betrachtungsweise wurde von John Schneider entwickelt, genannt „Der Vorgang des Trauerns". Eine kurze Zusammenfassung dieser beiden Wege, das Trauern zu beschreiben und zu begreifen, könnte Ihnen helfen zu verstehen, wo Sie sind und wohin Sie gehen. Ich habe versucht, die Formulierung der „Stufen des Trauerns" auf unsere Bedürfnisse als verwaiste Eltern anzupassen, doch können beide Theorien auch auf den Verlust irgendeines anderen geliebten Menschen angewendet werden.

Das Konzept von Elisabeth Kübler-Ross

Elisabeth Kübler-Ross untersuchte Tod und Sterben über einen Zeitraum von vielen Jahren, ehe sie im Jahr 1969 ihr Modell für den Verlauf des Trauerns entwickelte. Sie definiert eine Folge von fünf „Stufen", die die Menschen beim Bewältigen und Verstehen des Todes durchlaufen. Obwohl sie dieses Modell zuerst für Menschen benutzte, die krank waren und starben, fand sie später heraus, daß Familien bei der Bewältigung des Verlustes eines geliebten Menschen dem gleichen Schema folgen.

Stufe eins: Ablehnung und Isolation

Wenn Ihnen mitgeteilt wird, daß jemand, den Sie lieben, gestorben ist, reagieren Sie mit Ablehnung. „Oh, nein", denken Sie, „es kann nicht mein Kind sein. Das muß ein Irrtum sein."

Die Ablehnung bewirkt, daß Sie vor dem augenblicklichen übermächtigen Schmerz Ihres Verlustes geschützt werden. Vielleicht versuchen Sie zu vermeiden, den Einzelheiten ins Auge zu blicken, und kapseln sich von dem Geschehen und dem unmittelbaren Beweismaterial ab. Sie bitten vielleicht um ein Medikament, damit die Wirklichkeit des Schmerzes nicht an Sie herankommt und Sie in den Schlaf fliehen können.

Ablehnung, so sagt Kübler-Ross, ist eine normale, gesunde erste Reaktion auf den Schock des Verlustes.

Stufe zwei: Zorn

Da Sie nicht immer weiter abstreiten können, was geschehen ist, werden Sie zornig. Ihr Zorn richtet sich möglicherweise gegen den toten Menschen, weil er Sie im Stich läßt, gegen Gott, gegen die Welt im allgemeinen, gegen die „verantwortliche" Person oder auch gegen diejenigen, die keinen Verlust erlitten haben.

Der Zorn kann sich auch äußern als Feindseligkeit, Neid und Entrüstung über das, was Ihnen zugestoßen ist. Wenn Sie in dieser Stufe sind, fragen Sie beständig „Warum gerade ich?" und „Warum gerade mein Kind?"

Stufe drei: Feilschen

Wenn Sie Ihre Wut etwas überwunden haben, betreten Sie eine andere Stufe des Argumentierens, die Stufe des „Wenn doch nur".

„Wenn ich ihr doch nur nicht erlaubt hätte, draußen auf der Straße zu spielen."

„Wenn ich doch nur darauf bestanden hätte, daß er von der Schule sofort nach Hause ging."

„Wenn ich doch nur früher zum Arzt gegangen wäre, einen besseren Arzt gehabt hätte, eine weitere Beratung gehabt hätte."

„Wenn ich doch in jenem Augenblick nur nicht ans Telefon gegangen wäre. Wenn es nur nicht gerade dann geklingelt hätte."

„Wenn Gott nur meine Gebete erhört hätte."

Der Verlust ist eingetreten. Doch in Ihrem Kopf und in Ihrem Herzen versuchen Sie das Drehbuch neu zu schreiben und möchten dabei gern die Umstände vermeiden, die den Verlust verursachten.

Während wir uns auf diese „Wenn doch nur"-Vorwürfe konzentrieren, sind wir ein wenig erleichtert, doch nur für kurze
Zeit. Wir wissen, daß wir uns selbst betrügen – unser Kind ist
gestorben, und „Wenn doch nur"-Formulierungen sind nicht
möglich.

Stufe vier: Depression

Wenn wir dann hinnehmen müssen, daß die „Wenn doch nur"-
Sätze wirklich nicht mehr gesagt werden können, fühlen wir
uns deprimiert. Wir erkennen, daß der Verlust stattgefunden hat
und nicht rückgängig gemacht werden kann. Eine Art Verzweiflung beherrscht unsere Tage. Vielleicht können wir nicht
mehr normal essen und schlafen oder unsere täglichen Aufgaben erfüllen.

Dies ist die Stufe, auf der schon das Aufstehen aus dem Bett
am Morgen eine unglaubliche Anstrengung ist und das Anklei-
den unmöglich erscheint. Unsere Bewegungen sind langsam,
und wir sind lethargisch. Wir haben keine Energie, keinen Willen, keine Interessen. Menschengruppen können wir nicht
ertragen, und wir möchten mit unserem Kummer lieber allein
sein. Wir sind vollständig mit dem Trauern beschäftigt.

Stufe fünf: Annahme

Auch wenn wir uns vielleicht noch weit, weit entfernt von dieser Stufe fühlen und sogar fühlen, daß wir sie niemals erreichen
können, kommt dennoch der Zeitpunkt, in dem wir schwach
sind, des Klagens müde, mit unserem Verlust versöhnt, und
dann nehmen wir das Geschehene an. Wir sind ruhig, ergeben
und bereit, uns wieder vorwärts ins Leben zu bewegen – langsam und sehr vorsichtig.

Vielleicht bewegen Sie sich durch diese Stufen sehr langsam
und ungleichmäßig. Sie können heute auf Stufe drei sein und
morgen, nächste Woche oder nächsten Monat auf Stufe zwei
zurückrutschen. Vielleicht fühlen Sie auch, Sie seien gleichzeitig auf mehr als einer Stufe – Sie könnten zum Beispiel feil-

schen, dies aufgeben, deprimiert sein, dann zurückgehen und wieder feilschen.

Doch langsam, geduldig, unerbittlich werden Sie diese Stufen durchleben, sich auf die Annahme Ihres Verlustes zubewegen.

Das Konzept von John Schneider

Im Jahr 1984 entwickelte John Schneider ein Acht-Stufen-Modell für die Art und Weise, in der Menschen trauern. Seine Arbeit konzentriert sich auf die persönliche Fortentwicklung, die innerhalb des Verlustes und des Trauerns auftreten kann. Seine Sicht des Verlustes schließt Sie als Ganzes ein: Ihren Körper, Ihren Geist, Ihre Gefühle, Ihr Verhalten, Ihre Spiritualität und Ihre Glaubensanschauungen.

Wie bei den Stufen von Kübler-Ross werden Sie herausfinden, daß Sie nie ausschließlich auf einer einzigen Stufe sind. Sie werden sich vorwärts und rückwärts bewegen. Sie können vielleicht eine Weile ganz gleichmäßig vorwärts geschritten sein, dann kann ein Hochzeitstag, ein Geburtstag oder irgendein Ereignis Sie auf eine frühere Stufe zurückwerfen.

Stufe eins: Anfängliches Bewußtwerden des Verlustes

Schneider beschreibt das anfängliche Bewußtwerden unseres Verlustes als Schock, Erstarrung, Verwirrung, Abkapselung und Unglauben. Unser gesamtes System ist aus dem Gleichgewicht geworfen.

Stufe zwei: Versuche zur Begrenzung des Bewußtwerdens

Wir versuchen einzuhalten, das Bewußtwerden des Geschehenen durch Verhaltensweisen zu begrenzen, die sich schon in der Vergangenheit bewährt hatten, wenn wir mit schwierigen oder schmerzlichen Ereignissen fertig werden mußten. Wir versuchen, den vollständigen Verlust der Selbstkontrolle, Gefühle von Hilflosigkeit und Verzweiflung zu vermeiden. Auf dieser Stufe fühlen wir vielleicht, daß sich unsere Muskeln verkrampfen, wir können nicht normal schlafen, fühlen uns schuldig und hängen „Wenn doch nur"-Gedanken nach. Wir glauben, wir müßten uns beherrschen. Wir suchen nach jemandem oder etwas, der oder das unseren Verlust ersetzen könnte, denken fortwährend daran, haben sogar Zeiten, in denen wir uns unerklärlich glücklich fühlen. Wir fühlen uns auch schuldig.

Stufe drei: „Loslassen"

Wir beginnen, uns von dem Kind zu lösen, das wir verloren haben, weil wir erkennen, daß wir nicht länger an der Illusion festhalten können, daß der Tod nicht stattgefunden hat oder wir ihm nicht ins Auge zu blicken brauchen. Wenn wir „loslassen", fühlen wir uns vielleicht deprimiert, denken an Selbstmord oder fühlen uns beschämt, ängstlich oder zynisch. Wir lehnen möglicherweise den verlorenen geliebten Menschen ab und beschließen vielleicht, unseren bisherigen Glauben, unsere Wertvorstellungen und Ideale aufzugeben.

Stufe vier: Bewußtwerden der Größe unseres Verlustes

Auf dieser Stufe sind wir in der Lage, uns des Umfanges unseres Verlustes wirklich bewußt zu werden. Diese Stufe ist eindeutig die Stufe des „Trauerns" – wir empfinden Schmerz, Hilflosigkeit, Einsamkeit und Hoffnungslosigkeit. Wir können außerordentlichen Kummer empfinden und sind ihm hilflos ausgeliefert. Die Tiefe unserer Trauer führt vielleicht zu Erschöpfung. Wir können Schmerzen haben und uns schwach und leer fühlen. Wir sind nicht imstande, an die Zukunft zu denken, und fühlen uns von unerträglichem Kummer überwältigt.

Stufe fünf: Eine neue Sicht des Verlustes

Wir befinden uns an einem Punkt der Akzeptanz – was geschehen ist, ist geschehen, unser Kind ist gestorben, und wir müssen uns mit dieser unabänderlichen Tatsache abfinden. Wir beginnen zu verstehen, daß wir uns durch das Trauern weiterentwickelt haben. Wir begreifen auch die Endgültigkeit unseres Verlustes. Wir verstehen und akzeptieren den Umfang und die Grenze unserer persönlichen Verantwortung für den Tod unseres Kindes. Wir verstehen und akzeptieren auch die Grenzen der Verantwortung unseres Kindes für das, was geschehen ist.

Wir werden geduldiger, wir können akzeptieren und vergeben. Wir können uns liebevoll an vergangene Ereignisse mit unserem Kind erinnern und erleben Augenblicke des Friedens.

Stufe sechs: Verarbeitung des Verlustes

Wir erreichen einen Punkt, an dem wir den erlittenen Verlust verarbeiten, wenn wir uns Tätigkeiten hingeben können, die mit unserem Verlust nichts zu tun haben. Es ist eine Zeit, in der wir ungelösten Problemen ins Auge blicken, vergeben, Verantwortung akzeptieren und schließlich loslassen. Wir beginnen, uns wieder um uns selbst zu kümmern, uns und anderen zu vergeben, und wir finden allmählich Frieden.

Stufe sieben: Neuformulierung des Verlustes in Zusammenhang mit der Fortentwicklung

Wenn wir uns durch den Verlust persönlich fortentwickeln, so bedeutet das, daß wir mehr die Möglichkeiten als die Beschränkungen sehen, die der Verlust uns gegeben hat. Wir werden wieder neugierig, setzen uns voll im Leben ein, sehen das Erleben von Trauer und Verlust als eine Herausforderung an, die wir bewältigen können. Wir sind ungezwungen, ausgeglichen und auf eine Mitte bezogen, und wir haben ein Gefühl von Vollständigkeit und Ganzheit. Wir sind uns auch unserer Sinne wieder mehr bewußt.

Stufe acht: Umformung des Verlustes in eine neue Lebensauffassung

Auf dieser letzten Stufe im Ablauf des Trauerns formen wir unseren Verlust in die Erkenntnis um, daß wir eine neue Art von zwischenmenschlicher Verbundenheit und Beziehung, ein breiteres und größeres Verständnis für unsere Entwicklungsfähigkeit erreicht haben. Wir fühlen uns heil, kreativ, einfühlsam, verpflichtet; wir sind uns unserer größeren Kraft bewußt. Wir sind wieder offen für das Leben, für Erfahrungen, für Beziehungen, für die persönliche Weiterentwicklung.

Sich selbst und seine Trauer verstehen

Diese beiden Modelle von unserem Trauern können nur als mögliche Führer zu Selbsterkenntnis und Verstehen dienen. Sie können vielleicht eine Art Kontrolle über Ihr Trauern gewinnen, wenn Sie imstande sind, einige der vor Ihnen liegenden Aufgaben und Erfahrungen wenigstens teilweise im voraus zu lesen und zu erkunden.

Theorien können uns einen Rahmen geben, innerhalb dessen wir versuchen können, wenigstens ungefähr den schwierigen Vorgang zu begreifen, den wir durchleben müssen. Im weitesten Sinn „passen" sie zwar auf uns alle. Doch durchlebt jeder von uns diese Erfahrung auf eine andere Art.

Jeder von uns trauert auf seine eigene Weise. Sie ist bestimmt und geformt von unserer persönlichen Vergangenheit, unseren persönlichen Glaubensgrundlagen und Werten. Sie ist geprägt durch die Beziehung zwischen uns und unserem toten Kind, zwischen uns und den anderen Menschen, die eine Bedeutung in unserem Leben haben. Haben Sie Geduld mit sich – Sie erleben eine schreckliche Tragödie und einen furchtbaren Verlust. Lassen Sie sich Zeit und Raum, ihn zu verstehen. Seien Sie freundlich und liebevoll zu sich.

Kapitel 2
Sich selbst verstehen: Wir trauern, wie wir sind

Etwas Schreckliches ist geschehen. Unser Kind ist gestorben. Wir sind von Kummer, Wut und Schuld überwältigt. Wir sind im Herzen, an Körper und Seele verletzt. Wie können wir verstehen, was geschehen ist und was wir fühlen?

Ich glaube, wir müssen bei uns selbst beginnen.

Unsere persönliche Vergangenheit

Wir sind in diesem Augenblick nicht ganz ohne Erfahrungen. Wir haben andere Verluste und Sorgen und auch andere Anstrengungen kennengelernt. Wir haben Freude und Glück, Triumph und Verzweiflung, Ruhe und Einsamkeit erlebt.

Es hängt von uns selbst und unseren Erfahrungen ab, wie wir mit dem Verlust umgehen. Am Anfang denken wir wenig an uns selbst. All unsere Gedanken sind bei dem Kind, das wir verloren haben, bei den Ereignissen, die zu dem Verlust geführt haben, und bei den unmittelbar darauf folgenden Geschehnissen. Wir erkennen unseren eigenen Verlust in dem Tod des Kindes an. Wir hören nicht bewußt und willentlich auf, an unser eigenes Leben zu denken, an die Person, die wir in dem Augenblick waren, als der Verlust eintrat. Und doch: Wenn wir überleben wollen, müssen wir versuchen, diesen Menschen, uns selbst, zu verstehen.

Wir sind alle auf unseren Lebenswegen manchen Hindernissen begegnet. Wir haben alle aus unserer Vergangenheit Narben, die wir mit Schmerzen und oft im verborgenen tragen. Für einige von uns war diese Vergangenheit unsäglich schwierig.

Haben Sie erlebt, was seelischer, körperlicher oder sexueller Mißbrauch, Vernachlässigung oder Verlassenwerden sind? Hatten Sie Schwierigkeiten in der Schule? Mit Freunden? Fehlten ihnen oft Dinge, die Sie brauchten oder zu brauchen glaubten? War das Leben immer einfach für Sie; war dies die erste Schwierigkeit, der Sie begegnet sind? Hatten Sie in den meisten Dingen Erfolg, waren Sie gut in der Schule, bekamen Sie die gewünschte Stelle?

Die meisten von uns sind von diesen beiden Extremen geprägt: Wir haben harte und gute Zeiten erlebt. Wie sie im einzelnen waren, ist natürlich für jeden von uns anders. Wir haben sicherlich eine feste Einstellung zu vielen unserer Lebenserfahrungen gefunden, und wir bringen diese Vergangenheit, diesen Werdegang und diese Erlebnisse mit, wenn wir dem Verlust gegenübertreten. Sie bestimmen, wie wir uns selbst und das Geschehene verstehen.

Bei einigen von uns löscht der Verlust alle Erinnerungen aus, wenigstens zeitweise. Bei anderen strömen Erinnerungen an andere Verluste zurück, und ihr Schmerz vermehrt den Schmerz über den Verlust unseres Kindes. Die Verluste sind nicht notwendigerweise von derselben Art: ein berufstätiger Elternteil, ein Schuljahr ohne Freunde, ein Umzug, Eltern, die sich scheiden lassen, eine gescheiterte oder aufgegebene Aufgabe rufen Schmerz hervor, der mit diesem neuen, überwältigenden Schmerz zu verschmelzen scheint. Wir reagieren jetzt vielleicht genauso wie damals. Wenn wir bereits damals ernsthafte Schwierigkeiten hatten, stellen wir jetzt vielleicht fest, daß wir unfähig sind, dem Verlust unseres Kindes ins Auge zu blicken und ihn zu bewältigen. Wir bleiben vielleicht „stecken".

Wenn Sie glauben, dies könne vielleicht auch Ihnen passieren, dann sollten Sie überlegen, ob Sie professionelle Hilfe brauchen. Viele Eltern, die ein Kind verloren haben, stellen fest, daß umfassende persönliche Hilfe und Beratung erforderlich sind, denn es müssen auch alte Probleme angesprochen werden, bevor Heilung und Entwicklung stattfinden können.

Unser Leben als Eltern

Viele von uns haben den größten Teil ihres Erwachsenenlebens als Eltern verbracht. Im Mittelpunkt unseres Alltags standen unsere Kinder: Wir sorgten für sie, halfen ihnen, litten mit ihnen und freuten uns mit ihnen über ihre Erfolge. Manche von uns mußten arbeiten und ihre Kinder jeden Tag verlassen oder waren wegen einer Scheidung von ihrem Kind getrennt. Sie waren sich dabei sehr bewußt, daß ihnen etwas fehlte. Manche von uns sahen sich selbst als Miniatur in ihrem Kind – im Guten wie im Schlechten. Manche von uns wünschten, daß ihr Kind so handle und sei, wie sie selbst es nicht erreichen konnten. Einige waren ärgerlich, enttäuscht, frustriert von dem Weg, den ihr Kind gewählt hatte. Wir alle jedoch sahen in unserem Kind die Zukunft, uns selbst, die Ewigkeit.

Jeder von uns hat eine Vergangenheit als Eltern. Und da wir Menschen sind, ist sie kein Beispiel an Vollkommenheit. Wir haben alle Fehler gemacht. Glauben Sie, Sie seien zu lasch gewesen, hätten nicht genug bestraft? Glauben Sie, Sie hätten mehr Zeit mit Ihrem Kind verbringen müssen? Haben Sie es für Dinge getadelt, die es nicht getan hat? Ließen Sie ihm eine Lüge durchgehen? Waren Sie strenger mit dem Ausgehen als andere Eltern? Sind Sie wütend geworden und haben Ihr Kind geschlagen? Haben Sie Ihr Kind schlecht ernährt? Haben Sie Ihr Kind zu einer Freizeittätigkeit gezwungen, die es haßte? Haben Sie es gegen seinen Willen in ein Ferienlager geschickt? Mußte es das Benzin bezahlen, damit es lernte, seinen Teil beizusteuern? Haben Sie den Tank gefüllt und wurde das von Ihrem Kind als selbstverständlich angesehen? Zu sehr beschützt? Risikobereitschaft unterstützt? Haben Sie Gesundheitsprobleme, die mehr Aufmerksamkeit erfordert hätten, heruntergespielt? Haben Sie Ihr Kind gelehrt, sich über alles und jedes Sorgen zu machen?

Wir sind unsere strengsten Richter. Und wenn unser Kind gestorben ist, leiden wir um so mehr darunter, wie wir uns als Eltern beurteilen. Warum bestand ich darauf, daß mein Sohn all sein Geld für das College sparte und nicht für Vergnügungen ausgab? Er ist nicht einmal dorthin gegangen! Warum habe ich meiner Tochter nicht das teure Kleid für den Schulabschlußball gekauft, das sie sich wünschte? Es war ihr letzter Tanz! Warum habe ich sie wegen ihrer Widerreden so angeschrien? Vielleicht versuchte sie nur, mir ihre Meinung zu sagen! Warum habe ich mir für die Theateraufführung in der Schule nicht freigenommen? Mein Sohn wird nie mehr in einem anderen Stück mitspielen.

In manchen Familien hat die lange und schwächende Krankheit eines Kindes die körperlichen, gefühlsmäßigen und finanziellen Reserven jedes einzelnen, aber auch der ganzen Familie aufgebraucht. Das kranke Kind war der Mittelpunkt der Familie, und das Familienleben drehte sich um seine Bedürfnisse und Probleme. Andere Familienmitglieder, vor allem Geschwister, könnten sich beiseite geschoben, vernachlässigt und als weniger bedeutend gefühlt haben. Von ihnen wurde vielleicht erwartet, daß sie auf die Zeit und Anteilnahme ihrer Eltern zugunsten des kranken Kindes verzichteten. Eltern, die ein krankes Kind pflegen, haben oft Schuldgefühle wegen der Zuwendung, die sie den anderen Familienmitgliedern entziehen. Es ist ihnen bewußt, daß die anderen leiden, aber sie fühlen sich durch ihre Liebe und Sorge für das bedürftigste Kind gebunden. Dies kann zum Beispiel geschehen, wenn ein AIDS-krankes Kind, das vielleicht eine Zeit lang nicht zu Hause war, im letzten Stadium der Krankheit wieder nach Hause kommt.

Das Kind, das gestorben ist, hatte vielleicht schwere Probleme, die Ihnen über viele Jahre eine Qual waren. Geisteskrankheit, Drogen- oder Tabletten-Mißbrauch, Alkoholismus, Mißhandlung, aggressives und gewalttätiges Auftreten, kriminelles Verhalten, Gefängnisaufenthalt, Pflichtverletzung und Schulschwänzen und viele andere Probleme waren vielleicht ein Teil des Lebens Ihres Kindes, den Sie nicht verstehen, nicht akzeptieren, nicht lösen konnten, wie sehr Sie es auch versucht haben. Ihr Kind hatte „immer Schwierigkeiten", „bereitete anderen immer Probleme", „kämpfte immer". Ihr eigenes Leben schien von einer Krise zur anderen zu gehen, ohne daß ein Ende abzusehen war, und Sie fühlten sich durch diese Beziehung eingeengt. Sie hatten dieses Kind geboren, es so gut Sie konnten erzogen, aber seine Probleme schienen Sie bei jeder Gelegenheit wieder erneut zu überwältigen.

Wenn Ihr Kind eine lange Krankheit oder zehrende und unlösbar scheinende Probleme hatte, verspüren Sie vielleicht ein Gefühl der Erleichterung, wenn der Tod eintritt. Die lange Pein ist für Sie und Ihr Kind vorbei. Sie brauchen nicht länger Ihre eigenen Bedürfnisse und die der anderen zurückzustellen und zu opfern, um sich den Bedürfnissen Ihres Kindes zu widmen. Sie brauchen sich nicht länger zu sorgen und auf den Telefonanruf zu warten, der die nächste Krise ankündigt, das nächste Problem, in dem turbulenten und schmerzvollen Leben Ihres Kindes. Dieses Kind ist für Sie nicht länger eine Quelle von Schmerz, Schwierigkeit und Schuld. Es ist vorbei, und die Erleichterung ist ein ganz natürliches Gefühl.

Sie werden sich wegen dieses Gefühls der Erleichterung vielleicht schuldig fühlen. Auch das ist natürlich, denn es scheint uns ganz falsch, daß wir erleichtert sind, wenn wir ein Kind verloren haben. Seien Sie nachsichtig mit sich – sowohl die Erleichterung wie die Schuld sind vorübergehende Gefühle. Sie werden sehen, daß Sie bald von diesen Gefühlen zu einer tieferen Reaktion gelangen werden, nämlich zu der Trauer, die Sie erwarteten.

Auch wenn Sie in der Beziehung zu Ihrem Kind nicht solche ernsten Probleme hatten, könnten Sie Schwierigkeiten mit negativen Gefühlen haben, die Sie diesem Kind entgegenbrachten, ohne sie je zu äußern, und mit denen Sie nun zurechtkommen müssen. Vielleicht haben Sie nicht im Temperament mit Ihrer Tochter übereingestimmt; Sie beide waren nie in wirklichem Gleichklang, und Sie hätten das irgendwie „beheben" müssen. Vielleicht war Ihr Sohn schwach und unsportlich, während Sie sich einen Sohn wünschten, der wie Sie Baseball spielte; Sie wollten die Kindermannschaft führen, und er enttäuschte Sie. Vielleicht sah er wie Onkel Willi aus, und Sie mochten Onkel Willi nie leiden und hielten ihn für einen üblen Kerl. Vielleicht war Ihre Tochter dick und merkwürdig, und Sie waren zierlich und heimlich bestürzt, daß sie Ihre Tochter war.

Oder Ihr Sohn ließ es bei allem zu einem Streit kommen und tat niemals sofort, was er tun sollte, und Sie wollten ihm manchmal aus dem Weg gehen. Diese Dinge stehen auf einer Liste, die so geheim ist, daß nicht einmal wir selbst darauf schauen möchten. Wir alle haben Listen von solchen Dingen; über manche können wir leicht sprechen, über andere nicht.

Wir können diese Listen beliebig fortsetzen. Alle Eltern können das. Doch sie haben Zeit, den Schaden zu beheben, und wir nicht.

Und dennoch müssen wir uns verzeihen.

Unser Selbstbild

Unsere Vergangenheit als Mensch und als Eltern bestimmt mit, wie wir über uns denken, trägt zu unserem Selbstbild bei. Ich glaube nicht, daß sehr viele Menschen sich für perfekt halten. Wir alle sehen unsere Fehler, und sie machen uns verwundbar. Dies gilt für jeden – für uns alle, ob wir jemanden verloren haben oder nicht.

Geringe Selbstachtung kann eine Reihe von Ursachen haben. Einige entspringen unserer persönlichen Vergangenheit, Dingen, die wir beim Heranwachsen erlebt haben. Einige liegen in den Vorstellungen, die wir von uns haben. Viele sind nicht zufrieden mit ihrer Erscheinung oder ihren Talenten. Wir sind zu dick oder zu dünn, zu groß oder zu klein; unser Haar ist lockig oder zu glatt oder fällt aus. Wir sind nicht so schlagfertig, nicht so gebildet, wie wir sein möchten, und wir haben nicht die gewünschten Stellen und Karrieren. Wir können unsere Familien nicht mit allem versorgen, was sie brauchen und sich wünschen. Wir sind nicht künstlerisch begabt, können nicht vom Blatt singen, können nicht orthographisch richtig schreiben, sind unsportlich. Die Liste der Möglichkeiten ist endlos.

Wenn uns etwas Schlimmes passiert, suchen wir häufig die Gründe bei uns selbst. Ich bin nicht beliebt, weil ich Übergewicht habe. Sie glauben, ich bin ein Streber, weil ich eine Brille trage. Ich bekomme keine guten Noten, weil ich dumm bin. Ich verdiene keine Beförderung, weil ich im letzten Bericht einen Fehler gemacht habe.

Haben wir die Ursache von Problemen und Enttäuschungen in uns selbst gefunden, ist es nur ein kleiner Schritt, uns auch dafür die Schuld zu geben. Irgendwie *verdienen* wir, daß uns diese negativen Dinge zustoßen – sie rühren von Fehlern in uns selbst her.

Es ist leicht zu sehen, wohin wir mit dieser Haltung kommen, wenn wir ein Kind verlieren. Mein Kind ist gestorben. Es ist meine Schuld. Es ist klar, daß alles, was mit mir nicht stimmt, der Grund ist. Ich habe es so verdient.

Ich kann *sagen:* Nein – ich habe es nicht verdient. Ich kann es immer wieder sagen. Aber tief in meinem Innern sagt die kleine Stimme dennoch: Ja, ich habe es verdient, weil…

Gegen diese Stimme anzugehen, kostet viel Kraft – die wir nicht gerade im Überfluß haben, wenn wir dem Tod unseres Kindes gegenüberstehen. Dennoch bin ich überzeugt, daß dieser Kampf unbedingt notwendig ist.

Keiner von uns hat verdient, daß ihm dies zugestoßen ist. Kein Mensch verdient es, ein Kind zu verlieren.

Ein unbekannter Körper…

Wenn Sie ein Kind verlieren, wird Ihnen Ihr Körper plötzlich fremd. Dieser Körper, den Sie so gut kennen, den Sie kleiden und ernähren und versorgen, den Sie jeden Morgen im Spiegel sehen, wenn Sie die Zähne putzen, *sieht genauso aus* wie immer. Aber der Anblick täuscht. Ihr Körper fühlt sich anders an. Er verhält sich anders. Ihr Körper hat einen Schock erlitten.

Eines der ersten Dinge, die ich an mir selbst bemerkte, als mein Sohn starb, war der schreckliche *körperliche* Schmerz, den ich fühlte. Er hörte nicht mehr auf. Mein Schmerz saß genau unter dem Brustkorb, aber der Ihrige kann überall sein:

in Ihrem Rücken, Ihrem Kopf, Ihrem Herz, Ihrem Magen. Der Schmerz plagte mich fast immer, wenn ich wach war. Er war so stark, daß ich mich manchmal krümmte, meine Faust auf die Stelle preßte, als ob der Gegendruck ihn mildern würde. Ich nahm Schmerztabletten. Ich saß, lag, massierte die Stelle. Nichts half. Der Schmerz war da, stark und unerbittlich.

Ich dachte, er würde nie mehr verschwinden. Wie kann ich jahrelang mit solchem Schmerz leben, fragte ich mich. Mit der Zeit jedoch ging er langsam weg. Manchmal, wenn ich großen Kummer habe, kehrt er für eine Zeit zurück. Aber es passiert immer seltener.

Wenn ich jetzt mit Eltern arbeite, die ein Kind verloren haben, frage ich sie immer: „Wo sitzt der Schmerz bei Ihnen?" Ich sehe die Erleichterung in vielen Gesichtern, weil ein anderer ihren Schmerz versteht. Wir erwarten die seelische Pein. Der körperliche Schmerz überrascht uns, verschlägt uns den Atem.

Möglicherweise bemerken Sie auch sofort, wie häufig Sie seufzen. Ein tiefes Einatmen, Anhalten des Atems, dann hoffnungsloses Ausatmen. Ich habe in den ersten Trauermonaten dauernd geseufzt. Noch heute, wenn ich mich besonders schlecht fühle, bemerke ich, daß mein Körper, wenn ich mich nicht beobachtet fühle, wieder in diese Angewohnheit zurückfällt. Seufzen ist eine verbreitete Reaktion auf irgendeinen Verlust. Bei Eltern, die ein Kind verloren haben, kann es stärker auftreten.

Eines der typischen Schocksymptome, das Sie vielleicht bemerken, ist eine gewisse Schwankung Ihrer normalen Körpertemperatur. Nach dem Verlust meines Kindes zitterte ich wochenlang unkontrollierbar. Manchmal bebte ich so stark, daß meine Zähne klapperten. Zeitweise brach mir der kalte Schweiß aus. Es war kaum möglich, die Schwankungen durch wärmere Kleidung oder das Aufdrehen der Heizung auszugleichen. Die Kälte kam aus meinem Inneren, und äußere Wärme konnte sie nicht verringern. Glücklicherweise werden, wie bei dem Schmerz und dem Seufzen, Häufigkeit und Stärke mit der Zeit geringer.

Auch gerät bei den meisten betroffenen Eltern der Schlafrhythmus durcheinander. Oft schlafen wir ein wenig, wachen auf und weinen, schlafen wieder ein bißchen. Viele Eltern finden, daß sie mit Schlaftabletten, die ihnen ihr Arzt verschreibt, ein wenig Ruhe finden. Andere dagegen schlafen viel mehr als üblich, als ob ihr Körper versuchte, den Geist und die Gefühle vor dem Schmerz zu schützen.

Unsere Eßgewohnheiten verändern sich auch. Wir können nicht normal essen und nehmen viel an Gewicht ab oder auch zu. Für einige von uns werden die Sorgen auf einer niedrigen Stufe durch das Essen erleichtert. Schließlich ist Nahrung Liebe. Wir haben eine Liebe verloren und müssen eine Lücke auffüllen und essen und essen. Bei anderen ruft allein der Anblick von Nahrung Übelkeit hervor. All diese lebenserhaltenden Dinge erinnern uns daran, daß das Leben unseres Kindes nicht mehr erhalten werden muß. Die Verdauung ist ebenfalls verändert, Durchfall und Verstopfung sind üblich, was zu dem allgemeinen Unwohlsein beiträgt.

Eine körperliche Reaktion, die ich für ungewöhnlich hielt, bis ich darüber mit anderen Müttern sprach und sie weit verbreitet fand, war das „Fühlen" des Verlustes in meinem Bauch. Ich hatte dies Kind neun Monate getragen und den Verlust spürte ich in meinen Eingeweiden, fast losgelöst von mir. Obwohl mein Sohn einundzwanzig Jahre alt war, als er starb, habe ich diese Reaktion erlebt. Als mir klar wurde, was geschah, machte es mich noch trauriger. Für Mütter, die ein Neugeborenes verloren haben oder eine Fehlgeburt hatten, ist der leere Bauch oft der Brennpunkt des Schmerzes in einer noch weitaus direkteren Weise.

...und eine traurige Seele

Wenn wir ein Kind verlieren, befinden sich sowohl unsere Seele als auch unser Körper unter Schock. Erfahrene Eltern blicken traurig auf jene Eltern, die kürzlich ein Kind verloren haben, wenn sie sagen, es sei alles in Ordnung, sie akzeptierten, was geschehen sei, und sie litten nicht. Sie sagen, sie könnten essen und schlafen, zur Arbeit gehen und ihre üblichen Tätigkeiten mit geringen Anzeichen von Belastung ausführen. „Sie haben sich eingekapselt", sagen die „älteren" Eltern.

Wenn uns mehr zustößt, als unser Geist aufnehmen kann, mehr, als wir bewältigen können, kapseln wir uns gefühlsmäßig ein. Das ist die Verteidigung unserer Seele gegen einen Schmerz, der über das hinausgeht, was wir ertragen können. Wenn wir uns einkapseln, scheinen wir nicht fähig zu sein, irgend etwas zu fühlen. Einige Eltern nehmen dies als Zeichen, daß sie gut zurecht kommen, während andere sich sorgen, *warum* sie nichts fühlen können, warum sie nicht weinen und Kummer empfinden.

Wenn Sie glauben, daß Sie „eingekapselt" sind, sind Sie vielleicht ängstlich. Was wird geschehen, überlegen Sie, wenn diese Periode endet und das ganze Gewicht des Verlustes mich überwältigt? Was, wenn ich nicht damit fertig werde? Wie lange dauert es, bis die Einkapselung nicht mehr wirkt?

Es gibt keine schnellen Antworten auf diese Fragen. Die einzige Antwort, die ich kenne, kommt aus meiner eigenen Erfahrung: Sie werden nur das an sich heranlassen, was Sie bewältigen können, und nicht mehr. Die Selbstisolierung endet nicht plötzlich (Gott sei Dank), sondern allmählich, nach und nach. Bei einigen Eltern dauert sie Wochen, bei andern vielleicht Monate. Eine Einkapselung, die sich nicht zu vermindern scheint, könnte für Sie ein Anzeichen dafür sein, daß es neben dem unmittelbaren Problem des Verlustes noch andere Probleme gibt, die der Grund dafür sind, daß diese Schutzhaltung andauert. Wenn Sie nach einem Jahr den Kummer und Schmerz noch nicht fühlen können, ist es am besten, ärztliche Hilfe zu suchen und dieses Problem anzusprechen. Unausgesprochener

Kummer könnte sich in vielen körperlichen, geistigen und gefühlsmäßigen Schwierigkeiten ausdrücken, die Ihre Probleme vermischen.

Eine der deutlichsten und verbreitetsten Reaktionen auf den Verlust eines Kindes ist der Verlust des Gedächtnisses – manchmal mehr, manchmal weniger. Sie vergessen einfache Dinge in der Gegenwart: Verabredungen, Telefonanrufe, unwichtige Verpflichtungen. Manchmal ging ich zum Lebensmittelladen und war außerstande mich zu erinnern, warum ich dort war. Bestürzt stand ich mit dem Einkaufswagen im Eingang und versuchte mir ins Gedächtnis zurückzurufen, was ich brauchte. Nicht nur einmal, sondern viele Male war ich unfähig, mich zu erinnern. Und während ich dort stand, kamen Mütter und Kinder mit ihren Einkaufswagen vorbei und erinnerten mich immer wieder an meinen Verlust.

Obwohl sich meine Gedächtnisschwäche mit den Jahren seit dem Verlust meines Sohnes gebessert hat, gibt es immer noch gelegentliche Ausfälle. Ich habe gelernt, alles aufzuschreiben, oft in doppelter Ausführung. Ich nehme jetzt Listen mit in das Geschäft; früher kaufte ich aus dem Gedächtnis ein. Jetzt mache ich mir Notizen („Dinge, die ich erledigen muß"); früher brauchte ich das nicht.

Es kommt auch häufig vor, daß man komplizierte Zusammenhänge oder Situationen nicht durchdenken kann. Geist und Seele der verwaisten Eltern sind besonders in den ersten Monaten so sehr auf den Verlust des Kindes eingestellt, daß wenig Raum für komplexes abstraktes Denken bleibt. Das kann Schwierigkeiten bei der Arbeit hervorrufen. Seien Sie versichert, daß dies kein dauerhafter Zustand ist, und verständnisvolle Vorgesetzte und Kollegen können Ihnen sehr helfen, mit diesem Problem fertig zu werden.

In gewissen Situationen mag es hilfreich sein zu erklären, daß Sie kürzlich ein Kind verloren haben und vielleicht etwas Geduld nötig sei. Ich habe nie jemanden getroffen, der nicht hilfreich und verständnisvoll gewesen wäre, wenn ich diese Erklärung gab.

Die „Warum gerade ich?"-Fragen

Gibt es denn verwaiste Eltern, die nicht fragen: „Warum gerade ich?" „Warum gerade mein Kind?" „Warum gerade meine Familie?" Ich kann es mir nicht vorstellen. Wir möchten glauben, daß es Ordnung, Gerechtigkeit und Logik im Universum gibt. Wir möchten glauben, daß Gott da ist und daß Gott gut ist. Wir möchten glauben, daß die Dinge aus einem bestimmten Grund geschehen. Aber welcher Grund kann den Verlust eines Kindes erklären?

Oft verstecken Sie Ihre Fragen tief in Ihrem Innern. Ausgesprochen ist „Warum gerade ich?" zu nah an „Warum nicht du?" Und für die meisten Menschen ist es nicht akzeptabel, „Warum nicht du?" auszusprechen. Und doch lebt tief in unserem innersten Herzen die Frage „Warum gerade ich?" noch schmerzlich fort.

„Er ist ein viel schlechterer Vater, als ich es war, und sein Kind lebt."

„Sie ging zu demselben Fest, war in demselben Auto. Warum ist sie gesund und mein Kind tot?"

„Wir waren während der ganzen Schwangerschaft zusammen. Ich habe nie geraucht und getrunken, und sie trank sogar manchmal ein Glas Wein. Warum ist ihr Baby gesund und meines tot?"

„Alle Kinder spielten jeden Tag draußen auf der Straße. Warum wurde mein Kind überfahren? Schau nur, sie spielen noch immer dort draußen!"

„Er hat Hilfe für seine Probleme bekommen. Warum hat er sich trotzdem umgebracht?"

„Es waren so viele Menschen im Wasser. Warum erfaßte die Springflut nur mein Kind?"

„Es gab keinen *Grund*. Warum haben sie *mein* Kind getötet?"

Die Frage kreist in unserem Kopf. Und für die meisten von uns ist der Grund nicht zu erkennen. Doch nicht mehr nach Gründen zu fragen bedeutet, unsere ganze Art zu denken aufzugeben, und das fällt uns sehr schwer.

Die Menschen um uns herum fühlen ebenfalls diesen Drang, Gründe zu finden. Oft geben sie uns Gründe wie:

„Gott wollte, daß sie einer seiner Engel sei."
„Die Guten sterben immer jung."
„Er hätte schreckliche Probleme, wenn er lebte."
„Auf diese Weise sorgt die Natur für die, die nicht überleben können."

Ich hätte immer gern geantwortet: „Warum wollte Gott nicht, daß dein Kind ein Engel sei?" „Ist dein Kind denn schlecht? Muß man schlecht sein, um am Leben zu bleiben?" Aber meistens biß ich mir auf die Zunge.

Die andern Menschen möchten uns nicht verletzen. Sie sorgen sich und möchten uns helfen. Sie kennen das „Warum" auch nicht. Es nützt uns nichts, ärgerlich zu werden, denn das bedeutet nur noch mehr Schmerz für uns, verletzt die anderen und bewirkt wenig.

Manchmal überwältigen mich die Fragen „Warum gerade ich?", wie sie sicherlich auch Sie überwältigen. Sie werden seltener mit der Zeit, sind aber gelegentlich noch da. Ich persönlich bin der Meinung, daß es keine Antwort gibt, wenigstens keine, die ich in diesem Leben erfahren kann. Ich glaube, ich soll sie auch gar nicht wissen.

Auch Sie werden auf diese Frage irgendeine Antwort finden müssen, mit der Sie leben können. Dies ist dann Ihre persönliche Antwort, und sie ergibt sich aus Ihren persönlichen Anschauungen und Gedanken und Erfahrungen.

Der Drang zu beschuldigen

Zorn ist ein normaler Bestandteil des Trauerns. Zusammen mit dem Gedanken, daß es einen Grund geben müsse für den Tod unseres Kindes, möchten wir auch gern glauben, es gäbe jemanden oder etwas, den oder das wir dafür verantwortlich machen könnten – jemanden, der die Schuld hat. Zorn, der sich nach innen richtet, wird zu Schuld. Zorn, der sich nach außen wendet, kann zu Haß werden.

Wenn es eine bestimmte Person oder Ursache gibt, die beim Tod unseres Kindes eine Rolle spielte, können wir all unseren Schmerz und Haß und unsere Wut auf diese Person oder diese Sache bündeln:

„Er hat das Auto gefahren."

„Sie stieß mit ihr zusammen."

„Er hat nicht sorgfältig aufgepaßt."

„Sie hat die Vorschriften nicht beachtet."

„Sie haben ihn nicht aufgehalten."

„Er hat es getan."

„Sie haben ihr das falsche Medikament gegeben."

Jemanden beschuldigen zu können, gibt uns zwar einen Brennpunkt, aber auch einen Schmerz, der sich nicht auflösen kann. Es ist nämlich eine unbestrittene Tatsache, daß er, sie oder sie alle *lebendig* sind, während unser Kind tot ist.

Sie sind nicht nur lebendig, sondern oft fühlen Sie vielleicht, daß es ihnen nichts *ausmacht*. Sie leiden nicht so wie Sie. Sie werden für den Tod Ihres Kindes nicht ausreichend bestraft.

Mit der Wut zu leben, die entsteht, wenn es eine genau feststellbare Ursache gibt, ist oft sehr zerstörerisch. Ich habe mit vielen Eltern gearbeitet, deren Wut so groß war, daß sie allen Kummer blockiert hat und damit jede Bewegung, Entwicklung und Veränderung. Obwohl Sie dies schwer verständlich finden werden, kann wirklich berechtigte Wut auch eine Möglichkeit sein, den Schmerz über Ihren Verlust zu lindern. Wenn Sie allerdings sehr wütend sind, gibt es keinen Platz mehr für den Kummer.

Immer wieder schildern wütende Eltern den Hergang des Unfalls ihres Kindes, aber im Brennpunkt steht nicht der Verlust des Kindes, sondern „dieser Trunkenbold", „dieser unverantwortliche Lehrer", „dieser Fahrer, er fuhr mit 150 Stundenkilometern", „dieser Mann hätte nie auf Bewährung entlassen werden dürfen, er hätte für immer im Gefängnis bleiben sollen", „dieser Arzt wußte nicht, was er tat", „er hat nicht so auf sie aufgepaßt, wie er sollte", „er hat einfach immer wieder auf sie eingeschlagen".

Kein anderes Gefühl wird ausgedrückt oder zugelassen. Selbstverständlich ruft der Verlust eines Kindes viele Gefühle hervor, nicht nur eines! Aber es schadet Ihnen mehr als dem Täter, wenn Sie in der Wut steckenbleiben. Obwohl es hart und schmerzvoll ist, sollte man auch andere Empfindungen aufkommen lassen: Traurigkeit, Schmerz, Kummer – Zorn kann ein Teil der Empfindungen sein, darf aber nicht alles sein.

Neben diesem steht für einige Eltern die christliche Maxime, die fordert, daß wir vergeben. Dies wirft vielleicht religiöse Kernfragen auf, die Ihren geistigen Zustand stark einengen. Wenn Sie dies Problem zu schwierig finden, sollten Sie vielleicht seelsorgerische Hilfe suchen.

Ich habe mit Eltern gearbeitet, die vergeben konnten. Die Geschichte eines Paares bleibt mir im Gedächtnis, weil sie höchste Vergebung aufbringen konnten. Die Tochter wurde von ihrem Ehemann zu Tode geknüppelt. Beide Eltern waren in der Lage, dem Mörder zu verzeihen und sogar eine Beziehung zu ihm aufrechtzuerhalten, weil sie nun die Kinder ihrer Tochter aufziehen. Ich stehe voll Bewunderung vor der Größe dieser Eltern: Ich weiß genau, daß ich dazu nicht imstande wäre.

Sie müssen für sich entscheiden, ob Sie einen Grund haben zu vergeben. Wenn Sie nicht vergeben können, müssen Sie einen Weg finden können, wie Sie Ihre Wut beherrschen und lenken können, denn sie wird sich letztlich nach innen richten und Sie selbst zerstören.

Eine Möglichkeit, mit Ihrem Zorn umzugehen, besteht darin, Gerechtigkeit zu suchen, sei es in Gerichtsverfahren, Veränderungen von Vorschriften oder anderen Mitteln. Sicherzustellen, daß solch ein Tod sich nicht wiederholt, bedeutet eine positive Bündelung Ihrer Energie. Sie betreiben vielleicht eine Änderung der Gesetze, eines Verkehrsschildes oder einer Verkehrsampel. Sie setzen sich zum Beispiel für die medizinische Forschung ein zur Untersuchung der Todesursache Ihres Kindes oder für bindende Vorschriften für Rettungsschwimmer.

Es wäre auch denkbar, daß Sie mit anderen Menschen arbeiten, die in ähnlichen Verhältnissen wie Ihr Kind leben. Mit Menschen zu arbeiten, die AIDS haben, die Zusammenarbeit mit einer Gesellschaft für Multiple Sklerose oder einer Vereinigung für Herzkranke sind mögliche Beispiele.

Können Sie eine oder mehrere fernstehende Personen beschuldigen, richtet sich Ihr Zorn nach außen. Aber vielleicht hat Ihr Zorn eine andere, schmerzlichere Richtung: Sie selbst oder Ihr Kind.

Viele Eltern geben sich direkt die Schuld am Tod ihres Kindes und werden von dieser Schuld erdrückt. Eine Mutter, mit der ich gearbeitet habe, ließ zum Beispiel ihr 14 Monate altes Kind unbeobachtet in der Badewanne, um einen Telefonanruf entgegenzunehmen, und als sie zurückkam, fand sie ihr Baby ertrunken vor. Eine andere Mutter gab ihrem Kind einen Bissen von einem Hot-Dog. Sie konnte ihn nicht mehr aus dem Hals des Kindes entfernen. Ein Vater erlaubte seiner Tochter, die noch eine Jugendliche war, zu einer Party zu gehen. Er wußte, daß dort getrunken wurde, und er verlor sie, als ihr betrunkener Freund vor einen herankommenden Zug fuhr. Eltern, deren Kinder Selbstmord verüben, sind ganz besonders anfällig für Selbstvorwürfe, weil sie glauben, daß sie ihrem Kind nicht das gegeben haben, was es brauchte, um glücklich zu sein. Eltern, die ein Kind durch Fehlgeburt oder Totgeburt verlieren, geben sich selbst die Schuld in dem Gefühl, daß ihr Körper die Bedürfnisse des Kindes, das in ihnen wuchs, nicht befriedigen konnte.

Es ist schwer, mit solch einer direkten Verantwortung und der daraus folgenden Selbstbeschuldigung zurechtzukommen. Ich glaube, Sie sollten sich daran erinnern, daß Sie Ihr Kind geliebt und gut versorgt haben und daß Unfälle manchmal geschehen. Wenn Sie sich aber von Schuld erdrückt fühlen, brauchen Sie vielleicht Hilfe.

Vielleicht ist unser Kind der schmerzlichste Brennpunkt der Schuld.

„Er wußte, er sollte nicht auf die Straße rennen."

„Wie oft habe ich ihr gesagt, sie solle nicht die Abkürzung auf dem Heimweg von der Schule nehmen?"

„Warum konnte er sich nicht zusammenreißen und aufhören, so deprimiert zu sein?"

„Sie wußten, daß sie nicht rasen sollten!"

„Er wußte, daß man nachts nicht in dem kleinen Fluß schwimmen soll!"

„Immer wieder habe ich ihm gesagt, er solle nicht mit Drogen herumprobieren!"

„Ich habe ihr gesagt, sie solle den Kerl verlassen!"

Wir haben versucht, unsere Kinder vor Schaden zu bewahren. Wir haben über sie gewacht, sie an Freizeitbeschäftigungen herangeführt, sie gelehrt, sicher Rad zu fahren und zu schwimmen, dafür gesorgt, daß sie gut Autofahren lernten, und sie bestärkt, gute Freunde zu haben.

Wir gaben ihnen Liebe und Sorge und Hingabe. Wir gaben ihnen als Eltern alles, was wir ihnen geben konnten. Und trotzdem haben sie nicht zugehört, uns nicht geglaubt und die Regeln nicht beachtet, die wir aufgestellt hatten. Sie waren nicht vorsichtig; sie riskierten etwas.

Wir beschuldigen sie. Aber wie können wir nur? Sie sind gestorben. Sie haben für ihre Fehler mit dem Leben bezahlt.

Ich kann meinen Sohn beschuldigen. Er brach sich den Hals, als er in einem zu flachen Schwimmbecken einen Kopfsprung machte. Er *wußte*, daß es zu flach war. Ich hatte ihm immer wieder gesagt, Hunderte von Malen, er solle nicht in flache Becken springen. Er tat es trotzdem.

Der Sohn anderer Eltern starb, als ein unbefestigter Graben über ihm zusammenbrach. Immer wieder hatte diese Mutter ihr Kind wegen der Einsturzgefahr gewarnt, nicht in einem unabgestützten Graben zu arbeiten. Dennoch, als er darum gebeten wurde, ging er hinein, und der Graben brach ein.

Eine andere Mutter hatte Schwierigkeiten mit dem sexuellen Verhalten ihrer Tochter; sie akzeptierte zwar das Verhalten, aber flehte sie an, vorsichtig zu sein, Verhütungsmittel zu benutzen. Ihre Tochter glaubte nicht, daß sie Schutz brauchte, und zog sich das AIDS-Virus zu.

Wir warnen unsere Kinder, zu trinken und danach Auto zu fahren. Wir sagen ihnen, wir würden sie abholen, jederzeit, überall, ohne zu fragen. Und doch, wie oft lassen Jugendliche ihr Leben, wenn sie oder ihre Freunde unter der Wirkung von Alkohol Auto fahren?

Und wie oft sagen wir unseren Kindern, sie sollen niemals mit Fremden sprechen? Doch Fremde können verlockend sein, und ein Kind vergißt die Warnung vielleicht.

Ich habe herausgefunden, daß es mir nicht half, meinem Kind die Schuld zu geben. Wie so viele junge Leute glaubte mein Sohn, ihm könne nichts geschehen. Die Jungen denken, daß sie unbesiegbar, unzerstörbar, ewig seien und daß ihnen niemals etwas zustoßen könne. Der Tod ist sehr weit weg, wenn wir jung sind. Ich glaube, es muß so sein, denn Risiko und Abenteuer sind ein wichtiger Bestandteil im Leben jedes jungen Menschen. Wahrscheinlich haben viele andere junge Menschen dasselbe wie Ihr Kind getan und keinen Schaden genommen. Doch Ihres. Und meines. Ich kann ihn aber nicht stärker dafür verantwortlich machen als es jene Eltern tun, deren Kinder nicht zu Schaden kommen.

Wenn Ihr Kind sein Leben beenden wollte, dann passen diese Schlußfolgerungen nicht so recht, denn in diesen Fällen, ob Ihr Kind es nun ernsthaft ausführen wollte oder nur um Hilfe rief, es hatte den Vorsatz, sein Leben zu beenden. Dann sind Vorwurf und Schuld oft groß und erdrückend für die Eltern. Kinder, die sich entschließen, ihr Leben zu beenden, leiden fürchterlich, entweder seelisch oder körperlich. Seelischer Schmerz, glaube ich, kann so stark wie körperlicher Schmerz sein, oft sogar noch stärker. Wenn Ihr Kind in der begrenzten Weisheit seiner jungen Jahre keinen Ausweg aus dem Schmerz in diesem Leben sehen konnte, können Sie es dann wirklich dafür verantwortlich machen, ihn auf die einzige Art zu beenden, die es kannte? Selbstmord ist vielleicht eine der schwierigsten Todesarten für die Hinterbliebenen, besonders die Eltern. Ich bespreche diesen Sachverhalt ausführlich in Kapitel 8.

Wir sind erschüttert. Wir versuchen zu verstehen, was geschehen ist, aber wir sehen das Geschehen in Zusammenhang mit unseren eigenen persönlichen Erfahrungen, mit unserer Vergangenheit als Eltern, mit unseren Selbstzweifeln und Ängsten und Sorgen, mit unserer Wut und unserem Vorwurf und unserer Schuld. Zu viel stürzt auf uns ein, wir verlieren die Übersicht, und das erschreckt uns. Vielleicht fühlen wir, daß wir uns nicht unter Kontrolle haben und im täglichen Leben nicht „normal" reagieren.

All diese Probleme mit unserem Verstand und Körper und Gefühl bewirken manchmal, daß wir uns für verrückt halten. Eltern, die ein Kind verloren haben, äußern häufig diese Meinung oder Befürchtung. Für die überwältigende Mehrheit von uns gilt das nicht. Wir erleben „normale" Reaktionen auf einen schweren Schock, einen Schmerz jenseits jeder Vorstellung. Doch wir sind nicht wirklich geistig krank!

Kapitel 3
Ehe und Beziehung: Nichts bleibt selbstverständlich

Irgendwann in den ersten Tagen nach dem Tod meines Sohnes nahmen mich einige Freunde, an die ich mich natürlich nicht mehr erinnern kann, beiseite und teilten mir eine sehr bedenkenswerte Tatsache mit:

In den ersten fünf Jahren nach dem Verlust eines Kindes beträgt die Scheidungsrate von verwaisten Eltern mehr als 80 Prozent.

Das bedeutete mir nichts in jenen ersten Wochen. Ich hatte einen Schock, war von Schmerz aufgewühlt. Ich konnte mich kaum bewegen. Ich wußte, daß Menschen um mich herum waren, aber ich hatte eigentlich keinen richtigen Bezug mehr zu irgend jemandem.

Als wir unsere ersten Auseinandersetzungen wegen unseres Sohnes und seines Todes hatten, fiel mir plötzlich das Gesagte wieder ein, das ich irgendwo in den Nischen meines Gehirns gespeichert hatte: mehr als 80 Prozent.

Das ist eine sehr hohe Zahl.

Eine große Aufgabe

Ich erinnere mich daran, daß ich mich bewußt für den Versuch entschieden habe, diese Wahrscheinlichkeit für uns nicht zur Wirklichkeit werden zu lassen. Zuallererst setzte ich mich mit meinem Mann hin und berichtete ihm von dieser Statistik. Wir mußten beide daran arbeiten, wenn wir es schaffen wollten.

Wir mußten uns verpflichten, miteinander zu arbeiten und zu versuchen, mit dem anderen weiter im Gespräch zu bleiben, ganz gleich, wie schwer es sein würde.

Wenn Sie es bis zum Ende der ersten fünf Jahre geschafft haben, verbessern sich die Chancen wesentlich. Sie werden immer noch vorsichtig sein müssen, aber die gründliche Arbeit jener ersten Jahre wird eine gute Basis sein.

Was Sie mitbringen

Ihre eheliche Beziehung

Wenn Sie zum Zeitpunkt Ihres Verlustes verheiratet sind, haben Sie sowohl eine eheliche als auch eine persönliche Vergangenheit. Die eheliche Vergangenheit ist sehr komplex und umfaßt viele verschiedene Aspekte Ihrer Beziehung. Wie lange Sie schon verheiratet sind und ob es Ihre erste, zweite oder dritte Ehe ist, sind nur die einfachsten, nicht notwendigerweise bedeutendsten Fakten, die zu berücksichtigen sind.

An den Stellen, an denen ich den Ausdruck „Ehe" in diesem Buch benutzt habe, sind die Aussagen gleichermaßen gültig für jede andere Beziehung zweier Erwachsener, die zusammen in die Sorge um das Kind, das gestorben ist, eingebunden waren.

Jede Ehe ist anders: Jedes Paar hat seinen eigenen Stil, der sich in der Ehe herausbildet. Jeder Ehepartner bringt seine persönlichen Erlebnisse und Ereignisse und seine Beziehungen mit ein, und als Mensch entwickelt und verändert er sich im Laufe der Ehe. Doch über die beiden getrennten Wesen hinaus gibt es etwas, das sie übertrifft, etwas, das seine eigene Identität hat. Hier ist der Ehemann, hier ist die Ehefrau und hier ist die Ehe.

Es könnte Ihnen helfen, über dieses Dritte, Ihre Ehe, nachzudenken und einige ihrer Merkmale zu ergründen. Blicken Sie auf die Stärken und Schwächen, die Art der Wechselwirkung, was in der Ehe gut zu „laufen" scheint und was nicht. Je besser Sie Ihre eheliche Beziehung verstehen, umso größer sind Ihre Chancen, „die Wette zu gewinnen".

Als Hilfe sollten ein paar Dinge betrachtet werden, die für die Bewertung Ihrer Ehe wichtig sind.

Sie könnten zum Beispiel damit beginnen, die Art und Weise zu untersuchen, in der Sie sich über wichtige Themen auseinandersetzen. Teilt sich jeder von Ihnen auf unterschiedliche Weise mit und fühlt sich oft enttäuscht, ausgeschlossen, erdrückt? Hat jeder den Mut, Themen anzuschneiden, die ihn bedrücken? Führen Sie offene Gespräche, die besondere Ideen und Entscheidungen einbeziehen? Oder teilen Sie sich meistens ohne Worte mit – nur mit Schweigen, Gesten, Körpersprache? „Erraten" Sie Ihre Absichten auch ohne Worte? Haben Sie gleiche Gefühle – nicht nur Freude und Glück und Liebe, sondern auch Schmerz, Erniedrigung, Frustration, Ärger, Enttäuschung? Unterstützen Sie sich gegenseitig, oder fühlt sich ein Partner nicht unterstützt, unbeachtet, ungehört?

Welche Themen sind in Ihrer Ehe wichtig? Welche gemeinsamen Ziele verfolgen Sie? Welche Augenblicke sind die besten, welche die schlimmsten? Was findet jeder einzelne in Ihrer Beziehung schwierig? Welche Dinge beunruhigen Sie bezüglich des anderen?

Hilfreich ist es auch herauszufinden, wie Sie Entscheidungen treffen. Wer fällt die Entscheidung, wenn Sie unterschiedlicher Meinung sind? Trifft jeder von Ihnen Entscheidungen auf verschiedenen Gebieten? Wer entscheidet zum Beispiel, wie das Geld ausgegeben wird? Wohin es im Urlaub geht? Was Sonnabend abend gemacht wird? Wo Sie wohnen? Welche beruflichen Stellen Sie annehmen? Wann und wie Sie Sex machen? Wann die Verwandten besucht werden? Ob Sie getrennte persönliche Interessen verfolgen und wann? Welcher Religionsgemeinschaft Sie angehören und wie oft Sie dort teilnehmen? Trifft der eine die wichtigen Entscheidungen und der andere die unwichtigeren? Wer gibt meistens bei Meinungsverschiedenheiten nach?

Hat jeder von Ihnen genau festgelegte Rollen? Helfen Sie einander, wie es erforderlich ist, auch wenn es nicht Ihre Aufgabe ist, wie Saubermachen, Rasenmähen, Brotkneten, Kinderpflege? Ist einer von Ihnen immer der Leidende? Der Clown? Derjenige, der alle Antworten zur Hand hat?

Besteht zwischen Ihnen kulturelle, ethnische, religiöse Übereinstimmung oder gibt es wichtige Unterschiede? Wessen Kultur, Tradition, Kirche, Sprache ist in Ihrer Beziehung dominierend?

Sie werden diese Sachverhalte nicht so schnell durchdenken können. Manchmal besteht das Problem weniger darin, eine Liste aufzustellen und abzuhaken, wer was, wann, wie tut, als darin, daß man Augen und Ohren, Seele und Herz öffnet und sich *bewußt* wird, wie die eigene Ehe „funktioniert".

Haben Sie erst einmal verstanden, wie Ihre Ehe „abläuft", wägen Sie ihre Stärken und Schwächen sorgfältig ab. Wie können Sie die Stärken nutzen, um die Ehe zu erhalten? Wie können Sie die Schwächen verringern?

Viele Paare begegnen dem Tod eines Kindes, wenn ihre Ehe bereits in Schwierigkeiten steckt. Der Verlust eines Kindes könnte für diese Paare als Katalysator wirken: Die Entscheidung, sich zu trennen oder zusammen zu bleiben, wird umso dringender, je mehr die Belastungen und Spannungen des schmerzlichen Verlustes an Ihrer Beziehung zerren.

Andere Paare finden vielleicht heraus, daß besondere Gefühle da sind, die aus einer Art von „offizieller" Beziehung resultieren, die ein Elternteil zu dem Kind hatte. Ein natürlicher Elternteil, ein Pflege-, Adoptiv- oder Stiefelternteil könnte eine andersartige Beziehung zu dem Verlust haben. Dies kann für die Ehe zusätzliche Spannung in einer sonst schon schwierigen Zeit bedeuten.

Ihre Rolle als Eltern

Wenn Sie Kinder haben, ist Ihre Ehe, wenigstens zum Teil, als eine Familienbeziehung zu sehen, so daß die Elternrollen ein wichtiger Teil Ihrer Beziehung sind.

Nur wenige Eltern stimmen immer und vollständig darin überein, wie ein Kind erzogen werden soll. Unterschiede müssen zwangsläufig bestehen. Jeder Elternteil übernimmt seine Elternrolle mit anderen Vorbildern (seine oder ihre Eltern). Jeder hat andere Erfahrungen mit den eigenen Eltern, andere

Lebenserfahrungen und oft auch eine unterschiedliche Art, sich mit anderen Menschen auszutauschen und Beziehungen zu knüpfen. Wir beiden Elternteile verhalten uns als Eltern nicht genau gleich, und diese Tatsache hat eine große Auswirkung auf unsere Beziehung.

Wir wenden meist nicht gleich viel Zeit für die Elternpflichten auf. Ein Elternteil hat meist die grundsätzliche Verantwortung für die Sorge um das Kind. Wenn in vielen Familien beide Eltern berufstätig sind, stellt sich die Frage: Wer nimmt frei, wenn ein Kind krank ist? Wer fährt die Kinder zu Freizeitbeschäftigungen? Wer hilft bei den Schularbeiten? Wer sorgt hauptsächlich für die Einhaltung der Regeln?

Probleme entstehen, wenn die Eltern sich in Fragen der Kindererziehung nicht einig sind. Ausgang, Benutzung von Autos, Schularbeiten, Freunde, Zubettgehzeit, persönliche Hygiene, Hausarbeiten, Verabredungen und Tausende von anderen Fragen erfordern, daß Regeln aufgestellt, befolgt und durchgesetzt werden. Ein Elternteil mag großzügiger sein als der andere. Einer mag lascher in der Durchsetzung sein. Kinder folgen bekanntlich lieber den Regeln eines großzügigen, laschen Elternteils, und das ruft in der Familie einen Konflikt zwischen den Eltern untereinander und zwischen Eltern und Kindern hervor.

Unsere Persönlichkeiten und die unserer Kinder beeinflussen sich gegenseitig mit einer „Chemie", die zwar ausgeprägt, aber unterschiedlich ist. Ein Kind hat eine engere Beziehung zu einem Elternteil wegen einer Ähnlichkeit der Persönlichkeiten, der Interessen und Temperamente, während ein anderes sich dem anderen Elternteil näher fühlt. Wir haben auch zu jedem unserer Kinder andere Beziehungen: Jedes Kind erlebt uns als Eltern anders, nicht nur wegen seiner eigenen Charakterzüge, sondern auch wegen seines Geschlechts, seines Alters und seiner Stellung in der Familie. Wir *lieben* vielleicht alle unsere Kinder gleich stark, aber wir haben nicht zu allen die gleiche Beziehung.

Aus dieser verwobenen, manchmal offenen und manchmal verdeckten Ordnung in unserer Familie entwickeln sich Rollen und Beziehungsmuster. Ein Elternteil mag der Tröster in Zeiten des Kummers sein, der andere der Ratgeber für Probleme in der Schule oder der Karriere. Einer ist vielleicht der Organisator in der Familie, der andere dagegen lockert spannungsgeladene Situationen auf. Einer kann vielleicht Krisen gut meistern, der andere kann Beistand über lange Zeit geben. Kinder verstehen die Rolle eines jeden Elternteils schnell und entwickeln so zu jedem eine andere Beziehung.

Wenn ein Kind stirbt, erleben Eltern daher den Verlust auf verschiedene Weise. Jeder wird ihn innerhalb des Zusammenhanges seiner oder ihrer einmaligen Beziehung zu diesem Kind erleben. Diese Einsicht ist deshalb so wichtig, damit man verstehen kann, daß Eltern auch auf unterschiedliche Weise trauern.

Da Eltern unterschiedliche Vorstellungen von der Kindererziehung haben, wird es im Laufe der Zeit Meinungsverschiedenheiten zwischen ihnen bezüglich der Erziehung ihres Kindes gegeben haben. Der Tod des Kindes verschlimmert solche Unstimmigkeiten eher, als daß er sie löst. Anschuldigungen werden hervorgebracht:

„Du warst mit ihr nicht streng genug."
„Du hast ihn wild aufwachsen lassen."
„Du warst ihm gegenüber immer so kritisch."
„Du hast ihn zu hart bestraft."
„Du hast sie ganz für dich behalten."
„Du hast nie etwas mit ihm gemacht, hast nie etwas Zeit mit ihm verbracht."
„Du besorgtest dieses Fahrrad für ihn, obwohl ich dir sagte, er sei zu jung dafür."
„Du hast sie immer wie ein Baby behandelt."

Alle Eltern haben derartige Auseinandersetzungen. Der Unterschied, glaube ich, besteht darin, daß die Eltern, die ihr Kind nicht verloren haben, noch Zeit haben, die Unstimmigkeiten zu beheben; sie können noch erleben, daß ihr Kind sich gut entwickelt, trotz allem, was der andere Elternteil vielleicht „falsch" gemacht hat.

Wir haben diese Möglichkeit nicht. Unsere Debatten bleiben sich immer gleich. Jahr für Jahr wiederholen wir sie ohne Ende, ohne Hoffnung. Sie sind nicht zu lösen.

Das einzige, das wir tun können, ja tun *müssen*, um die Überlebenschancen unserer Ehe zu erhöhen, besteht darin, diese Debatten zu beenden, sie aufzugeben, sie fahren zu lassen.

Jeder von uns hat mit Liebe für sein Kind gesorgt. Jeder hat es auf eine Art getan, die er für sein Kind als die beste ansah. Jeder hat die bestmöglichen Entscheidungen getroffen mit dem Wissen und der Erfahrung, die er zu jener Zeit hatte. Wir hätten nicht mehr tun können. Vergeben Sie sich. Vergeben Sie einander.

Zusammen trauern, getrennt trauern

In den ersten Wochen, nachdem ich mein Kind verloren hatte, war ich mir nur meiner eigenen Trauer bewußt. Kummer überwältigte mich, erfüllte jeden kleinsten Winkel meiner Seele und hielt alles und jeden anderen fern. Ich weiß nicht, was mein Mann tat. Ich hatte keine Ahnung.

Ich weiß, daß er bei der Beerdigung neben mir stand und meistens meine Hand hielt, wenn wir unter Menschen waren. Ich weiß, daß ich manchmal meinen Kopf auf seine Schulter legte und daß er seine Arme um mich legte.

Es schien, als ob wir nebeneinander trauerten, auf die gleiche Weise, in der Krabbelkinder nebeneinander spielen. Es war irgendwie beruhigend, daß er da war. Wir wollten nicht getrennt sein, aber wir teilten auch unsere Gefühle nicht.

Ich fand heraus, daß ich sprechen mußte. Wie viele verwaiste Eltern mußte ich die Geschichte immer wieder von neuem erzählen. Ich mußte jedesmal weinen und mußte jedesmal getröstet werden. Ich fühlte mich, als sei ich ein Faß ohne Boden für Tränen und Geschichten, die nie endeten. In den ersten Monaten erzählte ich die Geschichte mehrere Male am Tag.

Das erforderte einen dauernden Nachschub von willigen Zuhörern. Mein Mann gehörte nicht dazu. Erstens *kannte* er die Geschichte schon. Es gab nicht viel zu berichten, das er nicht selbst erlebt hatte. Zweitens brauchte ich jemanden, der die beruhigenden Worte sagte, wenn ich sprach. Er konnte mich nicht trösten. Er trauerte selbst so sehr, auf seine Art. Drittens glaube ich, daß es ihn noch mehr verletzte, meinem Schmerz zuzuhören – es verschlimmerte den seinen noch. Es verstärkte seine Verkrampfung und heizte seinen Zorn nur noch an.

Mein Mann war, wie die meisten Männer, durch die Erwartungen der Gesellschaft auf eine Rolle festgelegt und hatte Schwierigkeiten mit Tränen und Gefühlen. Seine Trauer war sehr geheim, und er konnte sie nicht teilen. Er wollte die Geschichte nicht wiederholen und brauchte es anscheinend auch nicht. Er schloß sich ganz in sich ein; er errichtete innere Barrieren gegen den Schmerz.

Ich glaube, unsere Geschichte ist recht typisch für viele Eltern, die ein Kind verloren haben. Frauen neigen dazu, Gefühle und Emotionen auszudrücken. Sie wenden sich bereitwillig an andere Frauen, um Hilfe und Unterstützung zu bekommen. Männer sehen es als Schwäche an, Kummer, Trauer und oft sogar Freude und Glück auszudrücken, und versuchen, es eher zu vermeiden, besonders in Gegenwart anderer Menschen.

Für viele Eltern ist das getrennte Trauern der Normalfall. Manche weinen allein im Auto, manche im Bett, manche hinter geschlossenen Bürotüren. Manche weinen ohne Tränen. Manche tragen einen Schmerzknoten in sich, während andere sich häufig in Hysterie hineinsteigern.

So wie wir unterschiedliche Charakterzüge und unterschiedliche Lebenserfahrungen haben, so trauern wir auch unterschiedlich.

Es ist oft schmerzlich, diese Lektion zu lernen. Wenn wir verletzt sind, scheint es natürlich, sich an den Menschen zu wenden, der uns am nächsten steht. Wir erwarten Verständnis und Unterstützung, ganz gleich, auf welche Weise sich unser Kummer ausdrückt. Doch wegen der Verschiedenheit des

Trauerns haben es Eheleute oft schwer, diese Hilfe voneinander zu bekommen.

Es beginnt ganz langsam, doch nach Wochen oder Monaten stellen Sie vielleicht fest, daß Ihr Kummer lenkbar erscheint, und sogar ein wenig schwächer, zuerst für einige Minuten, dann vielleicht für eine Stunde, einen Nachmittag, einen Tag. Während fast des ganzen ersten Jahres haben Sie „Hoch"- und „Tief"-Tage. Die „Hoch"-Tage sind sehr zerbrechlich, und das geringste Problem stürzt Sie in scheinbar bodenlosen Kummer zurück. Häufig sagen Eltern, daß sie einen „Tief"-Tag haben, wenn ihr Partner einen „Hoch"-Tag hat und umgekehrt.

Da die „Hochs" sich oft schwer einstellen und schwerer aufrechtzuerhalten sind, sind wir in diesen Zeiten sehr verletzlich. Ein „Tief"-Partner kann diesen augenblicklichen inneren Frieden schnell zerstören. Es ist fast unmöglich, einem Partner zu helfen, von einem „Tief" zu einem „Hoch" zu gelangen, während es sehr einfach ist, einen „Hoch"-Partner in schmerzvollen Kummer zurückzustürzen.

Da die Menschen ihren Kummer unterschiedlich nach außen offenbaren, kann es vorkommen, daß ein Ehepartner meint, daß er oder sie mehr leidet, mehr Schmerzen hat und das Kind stärker vermißt als der andere. Zorn und Entrüstung gegen den scheinbar weniger leidenden Partner scheinen wie aus dem Nichts aufzukommen, und oft werden verletzende Worte gesagt. Manchmal wird auch kein Wort gesagt, und die unmutgeladene Stille vertieft sich mit jedem Tag.

Natürlich werden Sie anders trauern als Ihr Ehepartner. Das bedeutet jedoch nicht, daß Ihr Partner nicht so tief trauert wie Sie. Der furchtbare Schmerz kann sich in Worten oder in Schweigen ausdrücken.

Ihr Ehepartner ist vielleicht nicht imstande, Ihnen trauern zu helfen, aber er muß unbedingt wissen, daß Sie erkennen, daß er Schmerzen hat. Dieses verbindende, gegenseitige Erkennen Ihrer Tragödie und die Fürsorge, die daraus erwächst, sind die Brücke, auf der Ihre Beziehung aufbauen muß.

Brücken bauen auf alten Fundamenten

Es könnte sein, daß Ihre Ehe manchmal bis an die äußersten Grenzen belastet ist. Dann empfinden Sie jeden Tag den Druck, der durch Ihren Verlust hinzukommt, und dieser frische Kummer legt sich zusätzlich auf ein schon überlastetes Herz.

Wie kommen Sie dem anderen entgegen? Wie bauen Sie eine Brücke über das Schweigen, über die Tränen, die jedesmal bei dem Gedanken an Ihr Kind hervorquellen? Wie finden Sie irgendeine Bedeutung, Freude und Hoffnung in Ihrer gemeinsamen Zukunft?

Die Bausteine, die Sie zum Wiederaufbau benötigen, haben Sie bereits. Obwohl die Brücke eingestürzt ist, sind alle Stücke noch da und warten darauf, daß Ihre Hände sie aufnehmen, auf ihren Platz zurücklegen und mit neuem Mörtel zusammenhalten, einem Mörtel, der das Wissen um den Verlust Ihres Kindes enthält.

Wenn Sie die Brücke ohne die Hilfe Ihres Partners zu bauen versuchen, wird sie nie bis auf die andere Seite reichen. Wenn Sie versuchen, sie so zu bauen, wie sie war, ohne das Wissen um Ihren beiderseitigen Verlust, werden die Steine nicht zusammenhalten. Wenn Sie sie nur aus der Notlage heraus, ohne Liebe und Mitgefühl, zu bauen versuchen, werden die Steine in Ihren Händen zerbröseln.

Nur gemeinsam können Ihre Hände wiederaufbauen. Nur in Ihnen selbst können Sie den Wunsch und den Willen finden, diese Beziehung zu erhalten und zu hegen und zu bewahren. Ihre Ehe war nur auf Sie beide bezogen, stand über und jenseits jeder anderen Beziehung. Sie ist es noch. Nur Sie können sie so erhalten.

Wieder allein. Ein weiterer Verlust

Manchmal gelingt es uns nicht, unsere Ehe unversehrt zu erhalten, so sehr wir uns auch bemühen. Durch eigene Entscheidung oder durch die unseres Partners sehen wir uns manchmal einem neuen Verlust und einem neuen, anderen Schmerz gegenüber. Die beiden Schmerzen kommen zusammen, verflechten sich und trennen sich und zerreißen uns mit jeder Bewegung in Stücke.

Ob nun Sie derjenige sind, der geht oder derjenige, der verlassen wird, der Schmerz ist überwältigend. Elternschaft und Ehe sind unsere bedeutendsten, grundlegenden Rollen. Es ist eine Tragödie, in einer zu versagen. In beiden zu verlieren, scheint wenigstens für eine gewisse Zeit unser ganzes Selbst zu zerstören.

Wir kennzeichnen uns selbst oft durch unsere Rollen: Ehemann, Vater, Ehefrau, Mutter. Sie stehen in der Rangfolge vor der beruflichen Laufbahn, den Interessen und Fähigkeiten. Es sind die Rollen, die uns Menschen zugehörig sind, die unsere Beziehung zur menschlichen Familie genau bezeichnen. Ihr Verlust könnte uns ohne Identität zurücklassen, ohne Daseinsberechtigung.

Die Bausteine sind da, aber die Brücke kann nicht gebaut werden. Der einzige Weg nach vorn besteht darin, die Bausteine für das Errichten eines neuen Bauwerkes zu benutzen, das den Menschen berücksichtigt, der Sie jetzt sind, mit Stärken und Schwächen, Schmerzen und Kummer und etwas, das alle Baumeister nach dem Verlust eines Kindes haben müssen – dem Wissen, daß es in der Zukunft irgendwann und irgendwo wieder Freude geben wird.

Ein Kind und eine Ehe zu verlieren ist mehr, als die meisten Eltern ohne fremde Hilfe meistern können. Wenn Sie sich nicht in der Lage sehen, damit fertigzuwerden, weil Sie sich überfordert und bewegungslos, deprimiert und wütend fühlen, so könnten Sie sich an die sozialen Dienste wenden. Diese können Ihnen helfen, mit Ihren Gefühlen zurechtzukommen und praktische Dinge zu regeln, die Ihnen vielleicht unübersichtlich und fremd erscheinen.

Kapitel 4
Unsere anderen Kinder

„Die vergessenen Trauernden"

Der Tod eines Bruders oder einer Schwester hat eine sehr große Auswirkung auf Geschwister jeden Alters. In ihrem ersten Schmerz und ihrer ersten Verzweiflung gelingt es den Eltern oft nicht, ihre anderen Kinder zu verstehen und ihnen zu helfen, das Geschehene zu begreifen.

Familie und Freunde stellen im allgemeinen eher die Trauer der Eltern in den Brennpunkt, als die der anderen Kinder in der Familie. Ich glaube, das liegt wohl an mehreren Faktoren. Von Bedeutung ist sicherlich, daß Erwachsene sich anderen Erwachsenen leichter mitteilen und sich in sie einfühlen können. Andererseits wissen sie auch oft nicht, was die Eltern den Kindern gesagt haben oder was man ihnen sagen sollte.

Einige Eltern sind der Meinung, die anderen Kinder sollten am besten vor dem Tod eines Bruders oder einer Schwester geschützt werden. Jedoch hat die Forschung gezeigt, daß Kinder eine viel gesündere Anpassung an den Verlust eines Bruders oder einer Schwester vollziehen, wenn sie Bescheid wissen und es ihnen erlaubt wird, entsprechend ihrem Alter an den Ereignissen teilzunehmen. Kinder, die zu dem Zeitpunkt des Todes zu Verwandten oder Nachbarn weggeschickt werden, könnten stärkere Gefühle von Verlassensein, Ausgeschlossensein und Trennungsangst erleben. Statt dessen sollten sie fühlen, daß sie innerhalb der Familie geschützt und sicher sind.

Ihre anderen Kinder haben einen Verlust erlitten, der vielleicht so schwer ist wie Ihr eigener. Vielleicht ist er anders, da sie eine andere Beziehung zu dem toten Kind hatten als Sie. Zusätzlich zu dem Verlust erleben Ihre Kinder auch die Veränderung des Familienlebens, die der Verlust hervorruft.

Von der inneren Kraft einer Familie wird ein großer Teil auf die Kinder und das Großziehen der Kinder verwendet. Ihre ganze Familie hat mit dem Verlust eines Kindes einen Schock erlitten. Die Beziehungen zwischen den Eltern, den Eltern und den Kindern und den Kindern untereinander sind ernstlich beeinträchtigt. Wie Ihre Familie diesen Verlust in der Familienordnung berücksichtigt, hängt von mehreren Umständen ab, zum Beispiel: wie in der Vergangenheit mit einem Verlust umgegangen wurde, von Art und Umständen des Todes des Kindes (lange Krankheit, Pflege im Hospiz, Unfall, Selbstmord usw.), von Stellung und Wirkung des Kindes in der Familie („das Baby", „der Clown", „derjenige, der immer in Schwierigkeiten gerät" usw.), von den religiösen und geistigen Glaubensgrundsätzen der Familie und den zwischenmenschlichen Verhaltensweisen innerhalb der Familie.

Für das Kind in der Familie, das dem toten Kind altersmäßig am nächsten stand, ist die Gefahr am größten, daß es Schwierigkeiten im Verhalten und in der Schule, körperliche oder andere Probleme bekommt. Solch ein Kind identifiziert sich vielleicht zu sehr mit dem toten Kind und versucht, das Leben dieses Kindes wie auch sein eigenes zu leben. Es fühlt vielleicht die Anwesenheit des toten Kindes um sich herum, hat Träume und Wachträume oder berichtet davon, daß es die Anwesenheit des toten Kindes tatsächlich erlebt habe. Es verklärt vielleicht auch das tote Kind und seine Beziehung zu ihm.

Kinder, die ein Zimmer mit dem toten Kind teilten, haben besondere Probleme, und Eltern quälen sich oft mit der Frage, was sie mit dem Eigentum des toten Kindes tun sollen, einem Problem, das besonders schwierig ist, wenn diese Sachen in einem Zimmer mit einem anderen Kind sind. Die Lösung dieser Schwierigkeiten hängt von der speziellen Beschaffenheit Ihrer Familie und der Beziehung der Zimmergenossen ab. Manche Eltern haben das Gefühl, sie müßten sofort alle Spuren des toten Kindes aus dem Zimmer des Geschwisterkindes verwischen. Manche lassen die Sachen so, wie das tote Kind sie zurückließ, und möchten, daß das Geschwisterkind, das nun allein in dem Zimmer ist, nichts berührt oder verändert. Am besten ist es, dieses Thema mit dem Kind zu besprechen und das zu tun, was ihm am angenehmsten erscheint. Das Kind sollte von der Entscheidungsfindung über etwas so Persönliches wie das eigene Zimmer nicht ausgeschlossen werden. Es könnte Verstimmung, Wut und ein stärkeres Gefühl von Hilflosigkeit bei diesem Kind hervorrufen, das sich bereits abmüht, mit schwierigen Gefühlen fertigzuwerden.

Ihr verwaistes Kind möchte vielleicht eine Zeit lang gern die Kleider des toten Kindes tragen, sein Spielzeug, die Bücher, die Sportausrüstung oder das Auto benutzen oder auf seinem Platz am Eßtisch sitzen. Dies geschieht oft in den ersten Monaten, den „Übergangsmonaten", wenn Ihre Familie noch sehr daran arbeitet, den Verlust anzunehmen und in die Familienerfahrung einzufügen. Diese konkreten Beweisstücke für das Vorhandensein eines Kindes in der Vergangenheit helfen möglicherweise Ihrem Sohn oder Ihrer Tochter, den Verlust zu verstehen und damit umzugehen. Wenn Ihr Kind nach einem Jahr immer noch sehr stark an den Sachen des toten Kindes hängt, sollten Sie eine Beratung veranlassen. Solch eine außergewöhnliche Reaktion könnte ein Zeichen von tieferliegenden Schwierigkeiten Ihres Kindes im Umgang mit dem Verlust sein.

Der Verlust eines Kindes kann sich stark auf die Beziehungen zu Ihren anderen Kindern auswirken. Häufig werden Umfang und Tiefe Ihrer Trauer um das verstorbene Kind als ein Mangel an Liebe zu den anderen Kindern gewertet: „Schließlich bin ich hier", sagt das Kind. „Papa scheint das nicht zu kümmern. Er ist still und zieht sich zurück und möchte nicht einmal mit mir sprechen. Mami weint die ganze Zeit. Ist sie denn nicht glücklich, daß sie MICH noch hat? Ich habe immer gedacht, daß sie ihn mehr liebte, und nun weiß ich es wirklich. Sie macht sich um mich keine Sorgen!" Wir können uns kaum vorstellen, daß ein überlebendes Kind auf eine tote Schwester oder einen toten Bruder eifersüchtig sein könnte, aber es kommt häufig vor.

Ich weiß, daß ich in den ersten Monaten mehr Zeit mit Trauern verbrachte als mit meinen beiden anderen Kindern. Es dauerte einige Zeit, bis ich mir sagen konnte, daß mein totes Kind etwa ein Drittel meiner Zeit und Zuwendung beanspruchte, als es noch lebte. Jetzt, wo es tot war, sollte ich ihm auch nur ein Drittel meiner Zeit und Zuwendung geben. Ich durfte meine anderen Kinder nicht ausschließen. Ich glaube, daß es anfangs schwierig ist, aber die Zeit und das Bemühen machen es möglich. Und ich weiß auch, daß es der Mühe wert ist, denn unsere überlebenden Kinder brauchen uns und haben uns viel zu geben.

Fast jeder Elternteil beobachtet ernstzunehmende und oft schwerwiegende Reaktionen der lebenden Kinder auf den Tod eines Bruders oder einer Schwester. Eine bekannte Reaktion sind Schuldgefühle: Schuld, weil sie leben; Schuld, weil sie nicht genug getan, nachgegeben, sich gekümmert haben; Schuld, weil sie nicht gelitten haben; Schuld aus alten Streitereien und Schuld aus verborgenen geheimen Wünschen, daß der nun verstorbene Bruder oder die nun verstorbene Schwester tatsächlich weggehen solle und Zimmer, Fernseher, Eltern, Auto und so weiter dem zurückbleibenden Kind überlassen solle. Obwohl solche Schuld normal ist, besteht sie oft aus einer Mischung tiefer und schmerzlicher Gefühle, die das Kind vielleicht nur schwer verstehen oder akzeptieren kann.

Eine weitere sehr übliche Reaktion überlebender Geschwister ist Zorn. Der Zorn kann sich gegen das tote Kind, die Eltern, Gott, die Todesursache (beispielsweise Fahrer des Autos, Krankheit und/oder Arzt, Vorgesetzter) richten. Der Zorn hat vielleicht auch keinen Brennpunkt – ist nicht an eine spezielle Person, einen besonderen Gegenstand oder ein Ereignis gebunden. Dieser „ungebundene" Zorn kann sich sowohl in Worten als auch in Taten äußern. Ein heranwachsender Junge hämmert vielleicht Löcher in die Wand, schlägt eine Tür ein oder zerreißt ein Lieblingshemd, um seine Wut auszudrücken. Andererseits kreischt und schreit ein Kind vielleicht wegen eines Freundes, eines Lehrers, eines Ereignisses in der Schule, wobei der Zorn eine übergroße Reaktion auf das jeweilige Ereignis darstellt. Manchmal ist die Wut vielleicht gegen Sie gerichtet.

Ihre überlebenden Kinder könnten das Gefühl haben, daß Sie an dem Tod Ihres Kindes irgendwie Schuld haben. Sie beschuldigen Sie vielleicht, mit Worten oder ohne Worte, derselben Dinge, die Sie sich vorwerfen, und noch einiger zusätzlicher. Ihre Kinder meinen vielleicht, daß Sie zu streng, zu kritisch oder zu vergebend waren; daß Sie Risikobereitschaft unterstützten, zu sehr beschützten, zu viel schrien, Krankheitssymptome oder -beschwerden nicht beachteten, in dem toten Kind (und oft auch in ihnen) ein Gefühl der Schuld, Unterlegenheit oder Dummheit hervorriefen, bevorzugten oder nicht beachteten und so weiter. Ihre in Worten geäußerte Kritik kränkt uns und, noch schlimmer, bestärkt unsere Selbstkritik und Selbstvorwürfe. Wir möchten gern, daß unsere überlebenden Kinder uns versichern, daß wir gute Eltern waren, daß wir keine Schuld an dem Geschehenen tragen. Wir möchten, daß sie uns helfen, unsere Zweifel an unseren Fähigkeiten als Eltern beiseitezuschieben. Statt dessen bestärken sie sie.

Die Anschuldigungen unserer Kinder werden vielleicht über lange Zeit nicht ausgesprochen – Wochen, Monate oder Jahre. Wir denken vielleicht, daß unsere Familie zusammensteht, während sie in Wirklichkeit an unbemerkten und unwahrscheinlichen Stellen auseinanderfällt.

Die Erkenntnis, daß diese Reaktion unserer überlebenden Kinder nicht ungewöhnlich ist, hilft uns vielleicht. Auch sie müssen jemanden finden oder etwas, dem sie die Schuld geben können. Wir sind bequeme Zielscheiben, weil wir 1) wie alle Eltern nicht vollkommen sind, 2) als mächtig angesehen werden und 3) sehr mit all unseren Kindern beschäftigt sind.

Wir müssen unseren Kindern helfen, all ihre Gefühle des Zorns und Bedauerns auszudrücken, auch wenn sie gegen uns gerichtet sind. Wenn Sie fühlen, daß Sie es nicht schaffen, ihren

Anschuldigungen zuzuhören, weil Sie doch selbst trauern und sich beschuldigen, könnten Sie ihnen vorschlagen, eine professionelle Beratung in Anspruch zu nehmen. Mit der Zeit verstehen die meisten überlebenden Kinder, daß Sie nicht direkt und mit Absicht den Tod Ihres Kindes verursacht haben.

Verwaiste Geschwister sind oft auch schnell enttäuscht und ungeduldig, aggressiv zu Gleichaltrigen und Klassenkameraden. Sie fühlen sich leicht beschuldigt und angeklagt. Stimmungsumschwünge können unsere Kinder in einer Minute in Wut und in der nächsten in Tränen versetzen.

Ihre Kinder suchen vielleicht vorübergehend auch Trost in einer unversehrten Familie. Ihr Kind wendet sich vielleicht an die Familien von Tanten, Onkeln und Cousinen; an Familien ihrer Freunde und Klassenkameraden; an die Familie eines Mitgliedes Ihrer Kirche oder Synagoge oder an Nachbarsfamilien. Diese Familien haben die Wärme, Freude und Ganzheit, die Sie verloren haben. Dort gibt es eine unversehrte Bindung zwischen den Familienmitgliedern. Ihr Kind vermißt die guten Zeiten, die Betriebsamkeit und Neckereien in der Familie, das Gefühl der Unversehrtheit, das Ihre Familie verloren hat. Es weiß, daß die andere Familie seine eigene nicht ersetzen kann, nicht sein oder Ihr gebrochenes Herz heilen kann. Doch wenigstens für die Zeit, in der es mit ihr zusammen ist, kann es vielleicht das Trauern beiseite schieben und vorübergehend die Fülle und Freuden seiner eigenen Kindheitserfahrungen wiedergewinnen, von denen es in tragischer Weise durch den Tod des Bruders oder der Schwester abgeschnitten wurde.

Wenn unser Kind mehrere Geschwister hatte, möchten wir gerne, daß die überlebenden Geschwister einander unterstützen, einander lieben, Verständnis und Mitgefühl füreinander haben. Meistens ist es so, aber keineswegs immer.

Unsere Kinder haben im Laufe ihres Lebens bestimmte Beziehungsformen zueinander aufgebaut. Diese Formen schlossen das verstorbene Kind mit ein. Der Verlust ist nicht nur ein persönlicher Verlust für jedes der Geschwister. Er ist auch ein Verlust von vertrauten, akzeptierten, eingeübten Beziehungsmustern. Jedes Kind muß nun einen neuen Platz in dem Sternbild finden, das traurigerweise einen leuchtenden Stern verloren hat.

Als mein Sohn starb, wurde meine jüngere Tochter das Baby. Sie hatte sich seit seiner Geburt immer darüber beschwert, das mittlere Kind zu sein. Sie haßte es, sagte sie. Es sei, als habe man keine Identität. Das erste Kind mußte alles früher machen; das letzte erhielt besondere Aufmerksamkeit, da es das jüngste war. Das mittlere hatte überhaupt keinen richtigen Platz.

Dennoch trauerte sie tief und schmerzlich, nicht nur um ihren Bruder, sondern um ihren verlorenen Platz in der Familie. Sie begriff, daß der mittlere Platz Sicherheit bedeutete. Sie wollte nicht das jüngste Kind sein. Das entsprach nicht ihrer Auffassung von sich selbst.

Sie werden vielleicht auch bemerken, daß die Beziehung Ihrer Kinder untereinander sich durch den Verlust eines Bruders oder einer Schwester verändert. Unter Ihren Kindern hatte sich ein gewisses Gleichgewicht eingestellt, und dieses Gleichgewicht ist nicht mehr vorhanden. Die alten Regeln gelten nicht mehr, und es sind nicht sofort neue da.

Und dann sind da der Zorn und der Schmerz und die Enttäuschung über den Verlust, die auch sie empfinden. Sind Sie sich der Emotionen und Veränderungen in ihnen ein wenig bewußt, werden Sie vielleicht bemerken, daß Ihre Kinder viel mehr streiten und kämpfen als zuvor, daß sie sich nicht beachten, statt wie früher Anteil zu nehmen, oder daß sie sich von allen wichtigen Gesprächen zurückziehen. Dies kann sich über Monate oder Jahre hinziehen. Aber es hat auch ihr ganzes Leben gedauert, die Beziehungen untereinander zu entwickeln. Sie können nicht erwarten, daß sie sie so schnell wieder in Ordnung bringen.

All dies ist sehr schmerzlich für Sie, den Elternteil. Sie hatten einen furchtbaren Verlust. Verzweifelt möchten Sie, daß Ihre überlebenden Kinder sich nahe stehen, Anteil nehmen und einander lieben und trösten. Statt dessen sehen Sie sie streiten, jammern und keinen Anteil nehmen. Vielleicht werden Sie der Vermittler, der Zuhörer, obwohl jedes wütende Wort, das Sie hören, neue Wunden in Ihrem schon blutenden Herzen aufreißt.

Versuchen Sie, Ihre Kinder zu bestärken, direkt miteinander zu sprechen, ohne Sie. Sie müssen sich heraushalten und es ihnen überlassen, neue Beziehungsmuster auszuarbeiten. Wie Sie vorher darin nicht eingeschlossen waren, so können Sie es auch jetzt nicht sein. Mit der Zeit werden Ihre Kinder neue Beziehungen zueinander aufbauen.

Wenn die verwaisten Geschwister noch nicht erwachsen sind und kein ausgeprägtes Selbstbewußtsein haben, sind sie sich der Ursache ihrer Schuld, Wut, Frustration oder anderer Gefühle vielleicht nicht bewußt. Sie sind vielleicht verwirrt und ängstlich wegen ihrer Reaktionen, besonders wegen ihrer Heftigkeit. Dies könnte sie veranlassen, sich in sich selbst zurückzuziehen, weil sie sich beherrschen, „einen Deckel darauf tun" möchten. Dann werden aber weder sie selbst noch Sie sich ihres inneren Aufruhrs bewußt.

Sie bemerken vielleicht einen Leistungsabfall in der Schule, eine Trennung von alten Freunden, eine Unlust, neue Menschen kennenzulernen, oder andere Anzeichen dafür, daß sie sich mit einer verheerenden Tragödie herumschlagen.

Vielleicht sind Ihre Kinder bereit, über einige dieser Gefühle und Reaktionen und Verhaltensweisen mit Ihnen zu sprechen, vielleicht aber auch nicht. Es ist lebenswichtig für ihre geistige Gesundheit und für ihre Beziehung zu Ihnen, daß Sie jetzt offen und aufnahmebereit bleiben für die Gefühle, die sie quälen. Eine offene Gesprächsbereitschaft, ein Gefühl der Unterstützung, Rückversicherung, daß ihr Verhalten verstanden wird, und, wenn nötig, einige Schranken bei außergewöhnlichem Betragen werden Ihrem Kind am besten helfen, mit dem Verlust umzugehen.

In diesem Kapitel habe ich versucht, einige der besonderen Bedürfnisse von Geschwistern anzusprechen, die in unterschiedlichem Alter verwaist sind. Es ist für Sie als Eltern jedoch wichtig zu verstehen, daß Ihr Kind während seines Heranwachsens und Reifens viele Entwicklungsstufen durchläuft und daß Themen und Antworten, die für ein Alter angemessen scheinen, die Bedürfnisse und Probleme zu einem späteren Zeitpunkt nicht mehr ansprechen. Sie helfen vielleicht Ihrem Dreijährigen, daß er den Verlust seines kleineren Brüderchens versteht und akzeptiert, doch bemerken Sie, daß er im Alter von zehn, vierzehn oder dreißig Jahren andere Unterstützung und Erklärungen benötigt. Der Lebensrhythmus ändert sich, und manche Ereignisse werden zum Anlaß, daß alte ungelöste oder schlecht verstandene Probleme an die Oberfläche kommen. Heirat, Geburt eines Kindes, Tod eines Freundes oder Elternteils – sie alle erneuern alte Ängste, Wutgefühle und Trauer. Sie müssen sich bewußt sein, daß Ihr Kind sich auch noch später im Leben durch Probleme, die durch den Tod eines der Geschwister verursacht wurden, wieder und wieder hindurcharbeiten muß.

Viele verwaiste Geschwister, wenn nicht sogar die meisten, brauchen professionelle Hilfe für diese Probleme, manchmal über einen längeren Zeitraum. Vielleicht bitten sie Sie um Hilfe, oder Sie bieten sie an, wenn Sie über die Schwierigkeiten sprechen, die Ihr Kind hat. Probleme könnten sofort auftauchen, aber es ist durchaus nichts Ungewöhnliches, wenn verwaiste Geschwister stärkere Anzeichen von Leiden nach einer (anscheinend) „guten" anfänglichen Anpassung zeigen. Es können drei, vier, fünf oder mehr Jahre vergehen, ehe Ihre anderen Kinder imstande sind, etwas von ihrer Schuld und ihrem Zorn über den Verlust auszudrücken.

Das Kleinkind

Die Reaktionen von Kindern auf den Verlust eines Bruders oder einer Schwester unterscheiden sich von Ihren eigenen. Ihre Fähigkeit, den Tod zu verstehen, ist anders, wie auch ihre Fähigkeit, ihre Gefühle über den Verlust auszudrücken. Kleine Kinder mißverstehen leicht, was geschehen ist und warum es geschehen ist. Wenn diese Mißverständnisse andauern, könnten Ihre Kinder später im Leben ernsthafte Probleme haben.

Zu einer Zeit, in der Sie selbst kaum zurechtkommen, finden Sie es vielleicht besonders schwierig, Ihrem kleinen Kind zu helfen. Es zeigt vielleicht keine äußere Reaktion und spielt, ißt und schläft wie immer. Da Ihre eigenen Gefühle vollkommen durcheinander sind, sind Sie wohl erleichtert, daß das Kind sich so gut anpaßt, und schenken den subtileren Anzeichen von Streß wenig Beachtung. Doch kann man dem Geschehen nicht aus dem Wege gehen oder es in Abrede stellen. Das wäre für das Kind genauso ungesund wie für Sie. Sie müßten dem Kind vielleicht vorsichtig erklären, was geschehen ist, auch ohne daß es Sie fragt, und das Kind bestärken, Fragen zu stellen und seine Gefühle mitzuteilen. Es ist gut, wenn Sie das Kind dabei auf Ihrem Schoß halten oder dicht neben ihm sitzen und es berühren, damit es ein Gefühl der Sicherheit und des Schutzes bekommt.

Wenn Ihr Kind nicht daran interessiert scheint, über das Geschehene zu sprechen, ist es besser, es nicht zum Zuhören zu zwingen. Machen Sie ihm klar, daß Sie da sind, wann auch immer das Kind Sie braucht.

Andererseits ist es vielleicht beunruhigt wegen des Todes – und bittet Sie immer und immer wieder, die „Geschichte" des Geschehenen zu erzählen. Seien Sie nicht ungeduldig – Ihr Kind sucht Übereinstimmung und Bestätigung und Schutz in dem Wissen, daß der Rest der Familie unversehrt ist und zusammen bleiben wird. Erzählen Sie die Geschichte klar und sehr einfach, benutzen Sie Worte, die Ihr Kind versteht, und beantworten Sie Fragen wahrheitsgemäß. Ihr Kind muß Ihnen vertrauen können, und die einfache Wahrheit ist der beste Weg dazu.

Der Tod ist eine neue Vorstellung für die meisten kleinen Kinder. Sie verstehen oft nicht, daß der Tod andauert, und so fragt das Kind vielleicht immer wieder, wann das tote Kind zurückkehren wird. Obwohl es schmerzlich für Sie sein mag, ist es wichtig, es dem Kind so zu erklären, daß es versteht, daß das tote Kind nicht nach Hause zurückkommen wird.

Eine der am schwersten zu beantwortenden Fragen ist: „Aber wo ist sie?" Sie können das einfach aus Ihrem eigenen Glauben heraus beantworten.

„Johanna ist im Himmel."
„Georg ist bei Jesus."
„Stefan ist bei den Engeln und hilft ihnen."
„Jessica ist in der Erde und hilft den Blumen beim Wachsen."
„Alice ist bei dem Großen Geist."

Wenn Sie aus Ihrem eigenen Glauben heraus antworten, können Sie, falls erforderlich, sehr leicht noch mehr Erklärungen geben. In dem Abschnitt „Fragen – und Antworten" weiter unten habe ich einige Antworten angegeben, die *nicht* hilfreich sind, und die Gründe dafür.

Wenn es für Sie so ist, müssen Sie vielleicht sagen „Ich weiß es nicht" und Ihrem Kind helfen zu verstehen, daß es Dinge gibt, die wir in dieser Welt nicht wissen können.

Kleine Kinder werden eine sehr einfache Erklärung leichter verstehen als eine komplizierte, in Einzelheiten gehende Geschichte. Sie werden sie oft wiederholen müssen, solange das Kind das Bedürfnis hat, sie zu hören.

Das Schulkind

Schulkinder stehen auf einer höheren Entwicklungsstufe und fragen vielleicht beharrlicher nach Einzelheiten. Sie bezweifeln vielleicht, was ihnen gesagt wurde. Sie hören in der Schule auch Erklärungen von anderen Kindern und werden dafür eine Bestätigung von Ihnen benötigen.

Da Kinder im Schulalter den Tod und seine Endgültigkeit besser verstehen, zeigen sie vielleicht mehr Angst, Depression, Furcht und körperliche Symptome als jüngere Kinder. Schulkinder sind sich der Sterblichkeit bewußt und wissen, daß, wenn es Jakob zustieß, es auch ihnen zustoßen könnte. Wenn Jakob nach einer Krankheit starb, könnte ein Kind im Schulalter übermäßig beunruhigt sein, eine solche Krankheit „einzufangen". Selbst ein kalter Mai erscheint ihm vielleicht bedrohlich als möglicher Überbringer seines eigenen Todes.

Kinder im Schulalter können über kompliziertere Themen schon vernünftig urteilen und fühlen sich vielleicht mitschuldig an dem Tod eines Bruders oder einer Schwester. Das Kind versteht jedoch meistens die Ursache des Todes nicht richtig und quält sich mit Vorwürfen.

„Ich hatte einen Streit mit ihr, und dann starb sie."
„Ich wollte nicht, daß er meinen Schläger benutzte, und dann starb er."
„Ich wollte ein Zimmer für mich haben, und nun ist er tot."
„Ich habe sie so fest geschlagen, daß sie starb."
„Ich wollte, daß sie wegginge und nie wiederkäme, weil sie immer mein Spielzeug nahm und alles durcheinander brachte, und nun ist sie weggegangen."

Eine Schuld wie diese kann ein Kind vielleicht verkrüppeln und hinterläßt Spuren, die bis in das Erwachsenenalter hineingetragen werden können. Es ist wichtig, daß Sie Ihrem Kind helfen, seine Meinung über das Geschehene auszudrücken, und ihm sanft versichern, daß es nicht den Tod seines Bruders oder seiner Schwester verursacht habe.

Jugendliche

Die Aufgaben, die Jugendliche in ihrer Entwicklung bewältigen müssen, sind anders als die von kleineren Kindern und rufen oft besondere Probleme hervor, wenn ein Bruder oder eine Schwester stirbt. Jugendliche sind häufig mit ihren eigenen Problemen des Heranwachsens und Reifens überfordert und haben es besonders schwer, wenn sie diesen Verlust mit einbeziehen sollen. Sie bemühen sich um Unabhängigkeit und Trennung, um die Beherrschung ihres Körpers und das Verstehen ihrer Gedanken. Es ist schwierig, dieses Streben nach Unabhängigkeit mit dem Trauern in Einklang zu bringen. Sie erlernen Rollen, und Trauern ist ihnen oft eine ganz fremde

Rolle. Sie wissen nicht, wie sie sich verhalten sollen, und deshalb mag es uns scheinen, als seien sie von dem Verlust ihres Bruders oder ihrer Schwester nicht berührt.

Jugendliche brauchen Gelegenheiten zum Sprechen, zu Erklärungen, Bestätigung und Unterstützung, aber sie brauchen auch Zurückgezogenheit und Zeit für sich. In dieser Zeit wird Erwachsenen oft nicht getraut, und Jugendliche bitten lieber Gleichaltrige um Hilfe, wenn ein Bruder oder eine Schwester stirbt. Häufig fühlen sich Eltern von den emotionalen Erfahrungen ihrer jugendlichen Kinder im Umgang mit dem Tod abgeschnitten.

Sehr oft höre ich Eltern von Jugendlichen sagen:

„Ich hoffe, er spricht mit jemandem. Er spricht keinesfalls mit mir."

„Sie verhält sich, als sei nichts geschehen. Sie kümmert sich nur um ihre Kleider und ihre Verabredungen und ihre Freunde."

Sie können einen Jugendlichen nicht zwingen, Sie um Hilfe zu bitten. Sie können für ihn da sein, ermutigend und verständnisvoll.

Wie Sie können auch Jugendliche das, was geschehen ist, abweisen und vorgeben, alles sei gerade so wie immer. Sie fühlen vielleicht wie Schulkinder auch Schuld und Verantwortung. Ein junger Mann ging mit einem Bruder und mehreren Freunden aus. Sie wurden in einen schweren Autounfall verwickelt. Sein Bruder wurde aus dem Auto geschleudert und war bewußtlos, als der junge Mann zu ihm eilte. Ungestüm versuchte er erste Hilfe zu leisten, wie er es vor kurzem in der Schule in einem Kurs gelernt hatte. Er konnte seinen Bruder aber nicht wiederbeleben und gibt sich die Schuld an seinem Tod.

Untersuchungen zeigen, daß Jugendliche den Verlust eines Bruders oder einer Schwester am stärksten sechs bis zwölf Monate und dann wieder 18 bis 24 Monate nach dem Tod erleben, wobei Mädchen mehr Angst- und Gesundheitsprobleme haben als Jungen. Jugendliche könnten Schwierigkeiten in der

Schule, mit Freunden, in der Arbeit, mit der Gesundheit oder mit Familienbeziehungen haben.

Wegen ihres Entwicklungsstandes könnte nach dem Tod eines Bruders oder einer Schwester eine Beratung des Jugendlichen erforderlich sein, oft über viele Jahre. Wenn ein Selbstmord den Tod verursachte, ist meist umfangreichere Hilfe erforderlich. Die Jugendjahre sind Jahre mit einem hohen Selbstmordrisiko, und einen Bruder oder eine Schwester auf diese Weise zu verlieren, könnte die Gefühle eines Jugendlichen in dieser Richtung bestärken und ermutigen.

Erwachsene Geschwister

Ihr erwachsenes Kind lebt vielleicht fern dem Elternhaus, könnte verheiratet sein und eigene Kinder haben. Der Freundes- und Bekanntenkreis des Kindes, sein Platz in Ihrer Familie, seine Beziehung zu Ihnen und seine Beziehung zu dem toten Kind beeinflussen sein Trauern in hohem Maße. Wie Sie und ihre jüngeren Kinder benötigt auch das erwachsene Kind Unterstützung, Bestätigung und eine gewisse Sicherheit. Es benötigt auch Zeit und einen Platz zum Trauern.

Ein erwachsenes Kind, das einen begrenzten Freundeskreis und sehr wenig Unterstützung hat, könnte den Verlust eines Bruders oder einer Schwester als besonders schwerwiegend empfinden. Es ist reichlich Zeit zum Trauern, für Zorn, für ein Gefühl von Einsamkeit und Verlassensein vorhanden. Andererseits könnte das erwachsene Kind, das mit vielerlei familiären und beruflichen Verpflichtungen belastet ist, fühlen, daß ihm wenig Zeit zum Ordnen seiner Gefühle bleibt und daß andere wenig Verständnis für seine Probleme haben. Verständnis, Unterstützung und genügend Zeit zum Trauern sind auch für erwachsene Kinder wichtig.

Die familiären Strukturen und Beziehungen, die sich vielleicht ständig ändern, solange die Kinder noch im Hause sind, sind im allgemeinen festgelegt, wenn ein Kind das Haus verläßt. Muster haben sich durch viele Jahre der Erfahrung verfestigt. War die große Schwester noch ein Elternteil für das tote Kind? Lief der jüngere Bruder immer dem großen Bruder nach, wandte sich an ihn um Rat? Nahm er dem jüngeren Kind seinen Platz in der Familie übel? Beschützte der große Bruder die kleine Schwester? Hänselte er sie gemeinsam mit anderen Geschwistern?

Genauso wie Ihre Beziehungen zu Ihren Kindern und zu Ihrem Partner Ihre Reaktion auf den Verlust Ihres Kindes stark beeinflussen, wirken sich auch die Verhaltensweisen der Brüder und Schwestern untereinander stark auf Ihre Kinder aus. Genauso wie Ihre Streitigkeiten, Meinungsverschiedenheiten und Probleme für alle Zeit bestehen bleiben und nicht gelöst werden können, wenn Ihr Kind stirbt, so auch die Ihres erwachsenen Kindes. Vielleicht werden Streitereien und Rivalitäten bedauert, doch sie können nicht direkt aus der Welt geschafft werden.

Wenn Sie drei oder mehr Kinder hatten, kann der Verlust eines Kindes die Beziehung der verbleibenden Kinder untereinander beeinflussen. Stand ein Kind dem toten Kind näher als ein anderes? Fühlte sich ein Kind ausgeschlossen? Nicht in Ruhe gelassen? Vernachlässigt? Die erwachsenen Kinder brauchen Hilfe, damit sie ungesunde Beziehungsmuster ändern können, denn das ist lebenswichtig für ihre geistige Gesundheit und ihr Wohlbefinden.

Als verwaister Elternteil quälen Sie sich sehr mit diesen Problemen. Sie haben ein Kind verloren. Sie *brauchen* Ihre überlebenden Kinder – und zwar gesund, glücklich und liebevoll. Sie müssen miteinander auskommen, damit Sie wenigstens einige Familienbeziehungen erhalten können. Es ist Ihnen mehr als zuvor bewußt, wie wichtig Familienbeziehungen sind, und Sie fühlen sich schwach und verwundbar.

Noch schmerzlicher ist vielleicht der Bruch, den der Tod eines Kindes in Ihrer Beziehung zu Ihren anderen Kindern verursachen kann. Alte Anschuldigungen über die Bevorzugung von Geschwistern, alte Mißbilligungen, alte Empörung, alte Streitereien leben stark und kräftig wieder auf. Ihr Kind versucht, mit einem Strudel von Emotionen fertig zu werden, und braucht einen Brennpunkt für seine Wut und seinen Vorwurf. Vielleicht sind Sie vorübergehend dieser Brennpunkt. Gerade wenn Sie am verletzlichsten sind und eine Unterstützung am meisten benötigen, könnte Ihr Kind Ihnen nicht nur diese Unterstützung verweigern, sondern sogar bewußt weiteren Bruch und Schmerz in der Familie verursachen. Beim Bewältigen dieses Problems mit Ihrem erwachsenen Kind könnte Ihre Bereitschaft zu Gesprächen hilfreich sein.

Erwachsene Kinder, die selbst Eltern sind, können sich vielleicht viel stärker in Sie hineinversetzen. Sie wissen, wie schrecklich der Verlust für Sie ist. Sie können Ihnen wahrscheinlich eine große Hilfe sein, haben aber vielleicht auch viele eigene Probleme.

Genauso wie bei Ihnen der Glauben an das Gute und an Gott erschüttert sein kann, ist er es vielleicht auch bei Ihrem Kind. Es *weiß*, daß der Tod kommen kann – plötzlich und leise, langsam und schmerzhaft – es weiß, daß es möglich ist. Wenn es sich mit Ihnen identifiziert, überträgt es vielleicht Ihren Verlust in die Furcht, einen ähnlichen Verlust zu erleiden. Vielleicht sorgt es sich dauernd um seine Kinder. Ihr Kind könnte spüren, daß das Schicksal furchtbaren Kummer für es selbst bereithält.

Sie finden vielleicht heraus, daß Ihr erwachsenes Kind den Verlust auf eine beunruhigende Weise zu verarbeiten sucht. Es trinkt vielleicht mehr, geht unnötige Risiken ein, zieht sich von Freunden und gemeinsamen Unternehmungen zurück, schläft zu lange oder zu wenig, wird aggressiv oder besonders streitsüchtig oder entwickelt andere Auffälligkeiten in seinem Verhalten.

Auch erwachsene Kinder brauchen manchmal professionelle Hilfe zur Aufarbeitung von Familienproblemen, die ihre Selbstwahrnehmung, die Beziehung zu anderen Familienmitgliedern und ihre Fähigkeit, den erlittenen Verlust zu verstehen und zu akzeptieren, betreffen.

Fragen – und Antworten

Jede Familie und jedes Kind ist anders, und Sie wissen am besten, wie Sie die Fragen Ihres Kindes beantworten müssen. Das Fragenstellen ist eine sehr gesunde Reaktion Ihres Kindes – es zeigt, daß es versteht, daß etwas geschehen ist, und daß es Ihre Hilfe braucht, um das Warum und Wie zu klären. Es ist immer am besten, freundlich, ehrlich und beruhigend zu sein.

Ihre Antworten müssen klar und dem Alter des fragenden Kindes angepaßt sein. Wenn Sie zu viele oder zu wenige Auskünfte geben, kann das bei verwaisten Geschwistern aller Altersstufen zu einem Gefühl der Besorgnis führen. Das vierjährige Kind braucht vielleicht einen einfachen Satz, der häufig wiederholt wird, während der Erwachsene, der gerade heiraten will, vielleicht umfangreiche medizinische Erklärungen haben möchte, die Vererbung, genetische Disposition, geistigen Zustand, Verhalten und Probleme der Persönlichkeit und andere Fragen mit einschließen. Jeder fragt entsprechend der Bedürfnisse seines Alters und seiner Entwicklung und ihm sollte entsprechend geantwortet werden, doch immer aufrichtig, wahrheitsgemäß und liebevoll.

Einige Antworten sollten nicht benutzt werden, da sie eher die Besorgnis in Ihrem Kind erhöhen als vermindern.

„Maria ist eingeschlafen", zum Beispiel, kann für viele Kinder ein Problem sein. Ein Kind kann leicht Angst vor dem Einschlafen bekommen, weil es fürchtet, auch zu sterben wie Maria. „Wenn es Maria passiert, kann es mir auch passieren", sagt sich das Kind logischerweise, „also bleibe ich lieber wach und schlafe nie mehr!" Es ist leicht zu sehen, daß Schlafstörungen einer solchen Erklärung folgen können. Hinzu kommt, daß das Kind weiß, daß es vom Schlaf wieder aufwacht. Auch Maria, so folgert es, wird aufwachen und zurückkommen. Etwas Vorübergehendes wie den Schlaf mit etwas Andauerndem wie dem Tod in einer doch anscheinend beruhigenden Antwort gleichzusetzen, verwirrt Ihr Kind und regt es nur auf.

Eine andere Antwort, die vermieden werden sollte, ist „Tommy war so gut, Gott nahm ihn als Engel zu sich." Eine ganze Reihe von Problemen kann mit dieser Antwort in der Seele des Kindes hervorgerufen werden. Das Kind könnte sich überlegen, da Gott Tommy nahm und nicht es selbst, glaubt Gott nicht, daß es gut sei, und das Kind denkt nun vielleicht, es sei schlecht. Oder es hat Angst, daß, wenn es gut ist, Gott kommen und es auch wegbringen werde. Es mag sich sogar fragen, ob es sich *wünschen* solle, daß es weggebracht werde, um ein Engel zu sein, da dies als etwas Gutes angesehen wird. Sie können sich denken, daß diese und andere Probleme leicht Ängstlichkeit, Furcht und Streß in Kindern verursachen.

Eine Variation dieses Themas, die auch vermieden werden sollte, ist: „Gott liebte Kathy und nahm sie zu sich." Stellen Sie sich wieder vor, wie ein Kind hierauf reagieren kann. „Wenn Gott mich liebt", so kann sich das Kind fragen, „kommt er dann und holt mich? Wenn Gott Kathy nahm und nicht mich, bedeutet das, Gott liebt mich nicht? Warum liebt Gott Kathy und nicht mich? Wenn ich hier zu Hause bei meiner Familie bleiben möchte, soll ich mir dann wünschen, daß Gott mich *nicht* liebt?"

Während solche Erklärungen vielleicht beruhigend für Eltern sind, lösen sie in Kindern Ängstlichkeit aus. Als Erwachsene haben wir ein anderes Verständnis von Gott, dem Jenseits und dem Tod als kleine Kinder. Sogar wenn Ihre Familie regelmäßig zur Kirche, Synagoge oder in den Tempel geht und Gott ein Teil des täglichen Lebens Ihres Kindes ist, können die Assoziationen, die Ihr Kind aufgrund derartiger Erklärungen herstellen kann, seelischen Schaden hervorrufen.

Es ist nicht nur wichtig, daß Sie selbst derartige Erklärungen vermeiden, sondern daß Sie auch versuchen, Ihr Kind vor leichtfertigen und oft unangemessenen Erklärungen abzuschirmen, die Freunde und Verwandte ihm in guter Absicht geben. Sie möchten vielleicht selbst bestimmen, was Sie Ihrem Kind sagen wollen, und den anderen, die auch mit Ihrem Kind zusammen sind, diese Absicht mitteilen. Statt ihre Erklärung zurückzuweisen oder ihnen in irgendeiner Weise entgegenzutreten, sagen Sie ihnen einfach, Sie hätten entschieden, daß die von Ihnen gewählte Erklärung jetzt im Augenblick für Ihr Kind am besten sei, und daß das Kind übereinstimmende Erklärungen von anderen hören müsse. Bitten Sie sie, eine ähnliche Erklärung im Gespräch mit Ihrem Kind zu benutzen. Die meisten Verwandten und Freunde werden Ihre Wünsche in dieser Beziehung respektieren und für Ihren Hinweis dankbar sein. Sie fühlen sich oft unbehaglich, weil sie nicht recht wissen, was sie sagen sollen.

Familienleben mit dem Verlust

In einigen Familien entwickelt sich ein Stillschweigen, das mit jedem Monat stärker und isolierender wird. Niemand spricht über den Verlust. Niemand spricht den Namen des toten Kindes aus. Jedes Mitglied der Familie beschäftigt sich getrennt von den anderen mit dem Tod. Dieses Verhalten erschwert nicht nur das Trauern, sondern beraubt jedes Mitglied einer lebenswichtigen Quelle der Unterstützung, nämlich von seiten der anderen Familienmitglieder.

In anderen Familien wird das Trauern so übermächtig, daß es das gesamte Familienleben überschattet. Der Brennpunkt der Familie ist das tote Kind, und die Bedürfnisse der Lebenden werden oft nicht mehr erfüllt.

Ihre Familie ist eine lebendige, atmende Einheit. Als Eltern müssen Sie eine führende Rolle übernehmen und dafür sorgen, daß die Erinnerung an das tote Kind wachgehalten und der Verlust in die Familie einbezogen wird. Sie müssen aber auch sicherstellen, daß die lebenden Mitglieder die Unterstützung, Bestätigung und Ermutigung erhalten, die jeder benötigt, um ein gesunder und erfüllter Erwachsener zu werden. Das Familienleben geht weiter, auch nach dem Tod eines Kindes.

Vielleicht erweist es sich als hilfreich, wenn Sie einige Familienrituale in Erinnerung an Ihr totes Kind und zu seinen Ehren einführen. Sie könnten die anderen an das tote Kind erinnern, wenn Sie das Tischgebet sprechen. Sie könnten ein großes Bild an einem zentral gelegenen Platz aufstellen oder aufhängen und eine mit Blumen gefüllte Vase daneben stellen. Sie könnten für jedes Familienmitglied eine bestimmte Zeit in der Woche festsetzen, damit es sich eine besondere Erinnerung an das Kind ins Gedächtnis zurückruft. Solche Rituale dienen dazu, dem Trauern der Familie einen Mittelpunkt zu geben und zugleich den Mitgliedern „zu erlauben", ihr eigenes Leben im Alltag fortzusetzen.

Auch für „besondere" Tage sollten Rituale eingeführt werden. Der Geburtstag Ihres Kindes, sein Todestag, Weihnachten und andere Tage mögen besonders schwer für Ihre Familie sein. Wenn eine Möglichkeit gefunden wird, daß sich die Familie an die besonderen Tage Ihres Kindes erinnert und das Kind in die Familienfesttage eingeschlossen wird, wird jedem die Wichtigkeit dieses Kindes in dem Leben Ihrer Familie vor Augen geführt.

Der Anregung anderer verwaister Eltern folgend, läßt unsere Familie (biologisch abbaubare) Ballons zu „besonderen" Zeiten in die Luft steigen. Wir schreiben Mitteilungen an unser Kind auf kleine Papierstücke, befestigen sie an den Ballons und schicken sie in den Himmel. Andere Familien pflanzen einen Baum, zünden eine besondere Kerze an oder sprechen ein Gebet. Bitten Sie Ihre Familie, Ihnen zu helfen, ein für jeden von Ihnen bedeutungsvolles Ritual aufzubauen.

Kapitel 5
Die ganze Familie: Trauer hat viele Gesichter

Auch die Großeltern, Tanten und Onkel, Cousinen und Vettern und andere Familienmitglieder trauern über den Tod unseres Kindes. Der Ehepartner und die Kinder trauern so tief wie wir und müssen sich mit ihren eigenen Problemen herumschlagen. Ihre Beziehung zu unserem Kind, und zu uns, bestimmt, ob sie während dieser sorgen- und schmerzvollen Zeit neben uns oder abseits stehen werden.

Es gibt so viele Formen der Beziehungen in der erweiterten Familie wie Familien auf dieser Welt. Keine Familie ist wie die andere, und wie Ihre Familie als Ganzes auf den Tod Ihres Kindes reagiert, hängt von den komplizierten, verwobenen Beziehungen der einzelnen Mitglieder zu Ihrem Kind, zu Ihnen und untereinander ab. Tragische Ereignisse bringen in uns allen das Beste und das Schlechteste hervor, und unsere Familien bilden keine Ausnahmen.

Unsere Beziehung zu unseren Eltern und Geschwistern ist so alt wie wir selbst. Sie ist von der Vergangenheit geprägt. Wenn die Familie, aus der wir stammen, immer innig verbunden und hilfsbereit war, werden wir auf ihre Liebe und ihren Beistand auch in unserem Unglück zählen können. Wenn die Beziehungen in unserer Familie jedoch schwierig sind, wenn körperlicher, geistiger oder emotionaler Mißbrauch, Tablettenmißbrauch, Scheidung, Tod, schwerwiegende Rivalität unter den Geschwistern, echte oder eingebildete Ungerechtigkeiten Spannungen verursachten, die noch andauern, wird sie uns nicht helfen und werden wir ihre Hilfe und Unterstützung nicht annehmen wollen. Probleme mit der angeheirateten Familie schwächen unsere Beziehung zu einem Bruder oder einer Schwester und wirken sich auf die Wechselwirkung in dieser äußerst schweren Zeit aus.

Ob wir uns von unserer Familie nun unterstützt fühlen können oder nicht, so ist es doch meiner Meinung nach wichtig
anzuerkennen, daß auch sie einen Verlust erlitten hat. Er ist
zwar nicht so schmerzlich, unmittelbar oder tief wie der unsrige, aber trotzdem ein Verlust.

Großeltern, der doppelte Schmerz

Der Verlust eines Enkelkindes scheint uns etwas ganz anderes
zu sein als der Verlust eines Kindes. Dennoch haben diese beiden Verluste vieles gemeinsam, und einige sehr wichtige Dinge betreffen besonders unsere Eltern, wenn sie versuchen zu
verstehen, was geschehen ist.

Gerade so wie unser Kind unsere Zukunft war, der Teil von
uns, der lange nach unserem eigenen Tod fortleben würde, so
war unser Kind auch die Zukunft unserer Eltern, ein wesentliches Stück von ihnen, das übrig bleiben würde, wenn sie gegangen wären. Da sie sich dem Lebensende näher fühlen, hatte
diese Zukunft, die sie überleben würde, eine starke und lebendige Bedeutung. Ein Enkelkind zu verlieren bedeutet, einen
Teil von sich selbst zu verlieren, genauso wie Eltern einen Teil
von sich selbst verlieren.

Mit großer Wahrscheinlichkeit haben unsere Eltern schon
mehr Verluste erlebt als wir. Sie haben vielleicht ihre eigenen
Eltern verloren, einen Bruder oder eine Schwester, vielleicht
einen Ehepartner, Freunde und andere Verwandte. Sie haben
auch ihrer eigenen Sterblichkeit ins Auge gesehen, wegen ihres
fortgeschrittenen Alters weit mehr als wir. Sie mögen sich vorbereitet gefühlt haben, den Tod zu akzeptieren. Doch *dieser*
Tod trifft sie mit übermächtiger Kraft, betäubt sie und macht
sie hilflos.

Viele Großeltern nahmen engen Anteil am Leben ihrer
Enkelkinder, als Babysitter, Tagesaufsicht, Freunde. Sie sorgten
für besondere Freuden und Ereignisse, für das Geld für ein neues Stereogerät, für ein Zuhause fern von dem eigenen Heim,

und sie hatten fast immer ein offenes Ohr für Geheimnisse und Probleme.

Auch wenn die Großmutter und der Großvater weit entfernt lebten und Ihr Kind nur zu besonderen Anlässen sahen, nahm dieses Kind einen besonderen Platz in ihrem Herzen ein. Sie brauchen sich nur im Heim Ihrer Eltern umzuschauen, um die Bilder, Zeichnungen und Erinnerungsstücke an Ihr Kind um sich herum zu sehen. Sogar das Enkelkind, das nur selten zu Besuch kommt, hat meistens etwas Spielzeug, eine Lieblingstasse, einen Schnuller, ein Buch oder andere Dinge bei Großmutter und Großvater, die diese Erinnerung an ihr geliebtes Enkelkind hoch halten. In fast jedem Heim von Großeltern gibt es für ein Enkelkind einen bestimmten Platz zum Übernachten.

Häufig gibt es auch eine besondere Verbindung zwischen einem Kind und einem Großelternteil – ein Bewußtsein von Zusammengehörigkeit und von gegenseitiger Abhängigkeit und Beziehung zu Ihnen, sowie gemeinsame Interessen und Fähigkeiten. Kinder streiten mit ihren Eltern und rebellieren gegen sie. Die Großeltern sind oft ihre Verbündeten und bringen sogar Verständnis auf für ihre Verhaltensweisen und Ideen, die Sie nicht akzeptieren und verzeihen können.

Die Großeltern fühlen sich vielleicht auch schuldig an dem Tod Ihres Kindes, aber ihre Schuld mag anders sein. Sie fühlen vielleicht, sie hätten an Stelle Ihres Kindes sterben sollen. „Warum bin ich am Leben", fragt sich meine Mutter oft, „und mein Enkel ist tot? Ich habe mein Leben gelebt, ich werde nicht mehr gebraucht, meine Gesundheit schwindet dahin. Warum wurde ich nicht an seiner Stelle genommen?"

Ihre Eltern lieben auch Sie. Sie leiden mit Ihnen. Sie fühlen sich hilflos und können Sie vor diesem Unglück nicht beschirmen und beschützen. Eltern sollten ihren Kindern helfen, ihre Bürde auf die eigenen Schultern nehmen, ihre Last erleichtern. Doch dies ist eine Last, die nicht geschultert, nicht erleichtert werden kann. Die Tränen von Großeltern gelten sowohl dem Enkelkind, das gestorben ist, als auch Ihnen, ihrem Kind, das trauert und leidet.

Die Familie des eigenen Kindes

Wenn Ihr Kind einen Ehemann oder eine Ehefrau und eigene Kinder hinterläßt, ist die Beziehung zwischen Ihnen von besonderer Wichtigkeit.

Der Ehepartner Ihres Kindes ist Witwe oder Witwer geworden, lange bevor man dies auch nur erwarten oder akzeptieren konnte. Gleich Ihnen steht er unter Schock und weist das Geschehene ab. Er hat dieselben Symptome des Kummers. Vielleicht hat er auf eine lange Reihe von friedlichen, schaffensreichen und glücklichen Jahren an der Seite Ihres Kindes gehofft und findet sich nun allein und hilflos ohne Anker, Ziel oder Richtung. Er ist allein in dem Heim, das er mit Ihrem Kind teilte. Das Bett neben ihm ist leer, der Kleiderschrank mit Kleidern gefüllt, das Zweitauto in der Einfahrt. Sein Leben, das mit dem Leben Ihres Kindes so innig verbunden war, ist auseinandergerissen.

Wenn Kinder da sind, muß er oder sie ihre tägliche Versorgung planen. Er/sie muß für Trost und Beistand und Erklärungen sorgen. Er/sie muß für Tagesbetreuung, Schule, Ferienlager und Freizeitunternehmungen Vorsorge treffen. Er/sie muß finanzielle Umstellungen machen. Seine/ihre Welt ist auf den Kopf gestellt, und vielleicht kommt er/sie damit nicht zurecht.

Ihre Enkel sind wahrscheinlich verwirrt und können das Ausmaß des Geschehenen nicht ganz erfassen. Sie brauchen Hilfe und klammern sich vielleicht an den überlebenden Elternteil, an Sie oder ein anderes Familienmitglied oder einen Freund. Sie verhalten sich vielleicht, als wäre nichts geschehen, weil sie nicht imstande sind, die Größe ihres Verlustes auch nur annähernd zu begreifen. Sie haben vielleicht Alpträume, können nicht essen, zanken sich mit ihren Freunden, zerbrechen ihr Spielzeug.

Die Familie Ihres Kindes steckt in einer Krise. Auch wenn Sie selbst vor Kummer betäubt sind, ist es wichtig, daß Sie sich ihnen zuwenden, denn das Vorbild, das Sie geben, mag wesentlich für die zukünftige Beziehung sein.

Wenn Sie sich der Familie Ihres Kindes schon immer eng verbunden fühlten, ist dies ganz natürlich für Sie. Ihre Schwiegertochter braucht Sie, und Sie sind da. Sie stellen all Ihre Hilfe und Ihren Beistand zur Verfügung, und das wird angenommen. Selbst wenn Ihre Beziehung nicht immer die beste war, ist es wichtig, daß Sie sich ihnen zuwenden. Wenn möglich, sollten Differenzen beiseite geschoben und später besprochen und gelöst werden. Versuchen Sie, in den ersten Wochen und Monaten besonders viel Zeit und Verständnis aufzubringen.

Häufig stellen verwaiste Eltern fest, daß sie nur mit den geliebten Kindern ihres Kindes ein gewisses Maß an Frieden und Beruhigung finden können. Sie möchten gern mithelfen, das Gedächtnis an ihr Kind in den Herzen ihrer Enkelkinder zu bewahren. Manchmal möchte vielleicht ein verwaister Elternteil bei dem Enkelkind „ausfüllen", was sein verstorbener Elternteil an Liebe, materiellen Annehmlichkeiten und Zeit für sein Kind aufgebracht hätte.

Sie sind an Ihr totes Kind gebunden und damit unweigerlich an die Vergangenheit. Mit der Zeit werden der Ehepartner und die Kinder Ihres Kindes feststellen, daß sie in die Zukunft blicken müssen. Sie ziehen vielleicht fort, treffen Verabredungen, heiraten wieder, finden neue Freunde und Interessen. Sie suchen vielleicht nach einer neuen Vaterfigur, verlieren zeitweise das Interesse an der Erinnerung an ihren Vater, stellen das Spielzeug beiseite, das er einst machte und aus dem sie herausgewachsen sind, und sprechen nicht mehr über ihn.

Es ist wichtig zu begreifen, daß dies ganz natürliche Vorgänge sind: Das Leben geht weiter, sogar unseres, auch wenn wir noch so gern aufhören möchten zu leben. Für junge Menschen ist es natürlich, daß sie sich anzupassen versuchen und nach Glück und Sinn suchen. Wenn Sie in der Lage sind, die Unvermeidlichkeit dieser Ereignisse anzuerkennen, werden Sie sehen, daß Sie zu dem Ehepartner Ihres Kindes und Ihren Enkelkindern eine Beziehung knüpfen können, die für alle dauerhaft und lohnend sein wird.

Sie werden vielleicht einige Einschränkungen festlegen müssen. Werden Sie Ihre Enkelkinder einen ganzen Monat jeden Sommer nehmen? Werden sie Ostern mit Ihnen verleben? Werden Sie etwas Geld für die Ausbildung bereitstellen? Werden Sie als Babysitter zur Verfügung stehen? Das konsequente Einhalten der vereinbarten Abmachungen wird zu ihrem Erfolg beitragen.

Ihre Geschwister, nah und manchmal fern

In den meisten Fällen, glaube ich, würden Ihre Geschwister Ihnen gern ihre Liebe und Hilfe bei Ihrem Verlust anbieten. Höchstwahrscheinlich würden Sie diese Liebe und Hilfe gern annehmen. Wenn Sie sich Ihren Geschwistern eng verbunden fühlen, mag es Ihnen ein Gefühl der Erleichterung geben, diese Hilfe anzunehmen, sich auf Ihren Bruder oder Ihre Schwester zu stützen und Ihren Schmerz und Ihre Verletzung mit ihnen zu teilen. Es ist eine wunderbare Sache, wenn Brüder und Schwestern sich um einen Elternteil, der ein Kind verloren hat, versammeln und Sie liebevoll umsorgen.

Viele Brüder und Schwestern sind jedoch nicht imstande, diese so sehr benötigte Unterstützung zu geben oder zu akzeptieren. Aus der Vergangenheit wirken gegenseitige Mißverständnisse, Rivalität, Eifersucht und Enttäuschungen nach, und zum Zeitpunkt des Verlustes wird die Entfremdung eher größer als kleiner.

Auch wenn Sie sich voneinander entfernt haben, wird der Verlust für Ihren Bruder oder Ihre Schwester nicht geringer, sondern er oder sie bleiben damit allein. Fern von Ihrem Trauern müht er oder sie sich, oft stillschweigend, weiter um die Klärung der eigenen Gefühle.

Wenn Ihr Bruder oder Ihre Schwester Kinder haben, sind ihr Kopf und Herz vielleicht voll von komplizierten und einander widersprechenden Gefühlen. Gleichzeitig mit dem Kummer über den Tod Ihres Kindes fühlt Ihr Bruder vielleicht eine tiefversteckte Dankbarkeit, daß Ihr Kind gestorben ist und nicht sein eigenes. Ihr Verlust mag ihn bedrohen – vielleicht beunruhigt ihn, daß auch seine Kinder sterben könnten. Er könnte sich schuldig fühlen, weil er die Liebe seiner Kinder genießt und weiß, daß Sie die Liebe Ihres Kindes nicht mehr haben, oder trotzig darauf bestehen, daß er ein „Recht" habe glücklich zu sein, ganz gleich wie Sie sich fühlen. Ihre Schwester nimmt Ihnen vielleicht das Eindringen dieser Tragödie in ihr Leben übel, eine Tragödie, an der sie keinen Anteil und über die sie keine Macht hat.

Manchmal ergibt sich aus einem schwierigen Verhältnis zu dem Partner Ihres Bruders oder Ihrer Schwester, daß Sie sich entfremden. Ihre Schwägerin mag Ihnen verübeln, daß Ihr Bruder Ihnen eine gewisse Zeit und Aufmerksamkeit widmet, denn diese Zeit wird ihr weggenommen. Ihr Schwager hatte vielleicht gar keine Beziehung zu Ihrem Kind und steht nun in dem Trauervorgang abseits. Vielleicht fühlen Sie, daß er Sie „beobachtet", Ihre Reaktion auf den Verlust beurteilt, und Sie fühlen sich in seiner Gegenwart nicht recht wohl. Ihre Schwägerin kommt zwar vielleicht mit Ihrer Familie als Ganzes aus und könnte doch nicht viel Mitgefühl für Sie aufbringen. Solche unvermeidlichen Probleme beeinflussen die Fähigkeit Ihres Bruders oder Ihrer Schwester, Ihnen die Liebe und Unterstützung zu geben, derer Sie bedürfen.

Sie finden vielleicht heraus, daß über einen gewissen Zeitraum zwischen Ihnen und Ihren Brüdern und Schwestern ein Abstand nötig ist. Er kann Monate oder ein paar Jahre anhalten und sich dann allmählich auflösen; am Ende ist das Verhältnis wieder so, wie es ursprünglich war. In vielen Fällen verursachen jedoch die durch den Tod Ihres Kindes hervorgehobenen Unterschiede einen anhaltenden Bruch. Der Gedanke ist schmerzlich, daß Sie gerade zum Zeitpunkt eines so schrecklichen Verlustes noch einen weiteren erleiden müssen. Wenn Sie möchten, könnten Sie versuchen, mit Ihrem Bruder oder Ihrer Schwester über Ihre Beziehungen und Ihre Gefühle bezüglich dieses Bruches zu sprechen. Es könnte sein, daß er oder sie vieles gleich empfinden und daß es möglich ist, Ihre Beziehung in gewissem Umfang wieder herzustellen.

Nichten und Neffen im ungefähren Alter Ihres verstorbenen Kindes könnten ein Trost für Sie sein. Sie fühlen vielleicht, daß die Familie als Ganzes in ihnen fortlebt. Sie genießen vielleicht ihre Gegenwart und die Erinnerungen an glückliche Tage. Doch gleichzeitig könnte ihre Anwesenheit Ihren Schmerz vergrößern, weil Sie daran erinnert werden, daß Ihr eigenes Kind nicht mehr Teil der Familie ist. Es mag ein Trost für Sie sein, wenn Sie kleine Kinder im Arm halten, aber es könnte Sie in diesem Augenblick auch physisch daran erinnern, daß Sie Ihr eigenes Kind nicht mehr halten können. Ältere Kinder geben Ihnen vielleicht ihr Mitgefühl und ihre Hilfe, aber sie könnten Sie auch daran erinnern, daß Ihr Kind das Alter der Nichten und Neffen nie erreichen wird.

Ob Sie diesen Verlust als einen Verlust der ganzen Familie akzeptieren oder nur als Ihren eigenen, wird auf sehr lange Zeit große Auswirkungen auf Ihre Beziehungen zu Ihren Geschwistern haben.

Liebe, Neid und Zorn

Ihre Beziehung zu Ihrer Familie zum Zeitpunkt des Verlustes Ihres Kindes und noch Jahre danach könnte durch zwiespältige Gefühle geprägt sein. Sie lieben Ihre Familie, sind aber auch neidisch. Sie sind zornig, aber auch getröstet. Ihre Fähigkeit, solche gegensätzlichen Gefühle mit gleicher Stärke zu empfinden, ist möglicherweise verwirrend für Sie und könnte Ihnen manchmal das Gefühl geben, Sie sollten sich vor Ihren eigenen Reaktionen hüten.

Es gibt Zeiten, in denen Sie besonders verletzlich sind. Familientreffen sind oft sehr schmerzlich, besonders in den ersten Jahren. Wenn Ihre Familie irgendeine Art von Treffen zusammen veranstaltet, würden Sie und Ihr Ehepartner vielleicht gern daran teilnehmen, aber gleichzeitig fürchten Sie sich davor, weil die Anwesenheit anderer vollzähliger Familien Ihnen Ihren Verlust nur noch deutlicher vor Augen führt. Einige Eltern haben das Gefühl, daß sie solche Zusammenkünfte in den ersten Jahren nicht besuchen können. Andere dagegen können der „Realität" auch in dieser Umgebung gegenübertreten.

Wieder andere empfinden, daß die Liebe und Hilfe ihrer Familie ihnen auch in dieser Situation Schutz gewährt, wie schon manches Mal nach dem Tod ihres Kindes. Die Beziehung zwischen den einzelnen Mitgliedern Ihrer Familie ist ausschlaggebend für Ihre Bereitschaft, an Familientreffen teilzunehmen. Lassen Sie sich von *Ihrem* Wunsch leiten. Wenn Sie sich nicht dazu imstande fühlen, sollte ein einfaches „Ich kann es noch nicht" als Erklärung genügen.

Auch Feiertage sind oft schwierige Zeiten. Vielleicht ist die Familie zu Weihnachten oder an anderen Feiertagen immer in Ihr Haus gekommen. Oder Sie sind immer bei Ihrer Schwester gewesen. Manche Eltern können diese Feiertage nicht weiter in der gleichen Weise begehen. Wenn Ihre Familie dies erkennt, könnte sie den Brauch ändern. Vielleicht gehen Sie nun alle gemeinsam zum Feiern aus oder fahren zu Onkel Bernd, der noch nie Gastgeber an einem Feiertag war. Es hilft oft sehr, etwas neu und anders zu machen. Dadurch wird anerkannt, daß eine Veränderung, eine unabänderliche Veränderung, stattgefunden hat, zugleich bewahrt es die Familienzusammengehörigkeit, die als Beistand so wichtig ist.

Die wichtigen Ereignisse im Leben einer Nichte oder eines Neffen können auch schmerzlich sein. Sie möchten gern teilnehmen an der Freude und Begeisterung von Sandras Abitur, der Feier zu Kims Auszeichnung, Alexandras Erstkommunion, Michaels Siegertreffen oder Connies Bat-Mizwa. Sie lieben Ihre Nichte oder Ihren Neffen und freuen sich in diesem besonderen Augenblick mit ihnen. Aber vielleicht haben Sie Angst dorthin zu gehen – Angst, von Tränen und Schmerz übermannt zu werden. Ich habe festgestellt, daß manche Anlässe – für mich – eine doppelte Unruhe schufen: die Angst, daß ich den Verlust meines Kindes in jenem Augenblick stärker fühlen würde, und die Besorgnis, daß mein Schmerz der Familie diese besonderen Augenblicke verderben könnte.

Manche von uns haben auf eine andere Weise eine schwere Zeit mit Familienmitgliedern, besonders wenn wir ein Baby oder Kleinkind verloren haben. Unsere Schwester oder Schwägerin, die uns nahesteht, wird schwanger und bringt ein heißersehntes und heißgeliebtes Kind zur Welt. Wir wollen ihre Freude teilen. Wir wollen dieses Baby in unser Herz schließen. Wir nehmen Anteil, und wir sind wirklich glücklich für die Eltern. Doch wir wissen auch, bewußt oder tief in uns vergraben, daß ihre Freude nur betont, was wir verloren haben. Wir erinnern uns an die Geburt des Kindes, das wir verloren haben, und seine ersten Tage. Wir erinnern uns an unsere eigene Freude und fühlen wieder den schrecklichen Schmerz über unseren eigenen Verlust. Eine Mutter, die ein neugeborenes Baby verloren hat, erinnert sich, daß auch sie Geburtsanzeigen versenden wollte, doch statt dessen schrieb sie Briefe mit Todesanzeigen. Sie hatte auch ein Buch „Mein Kind" vorbereitet, doch ihres würde für immer leer bleiben.

Familie verändert sich

Man muß wissen, daß diese Gefühle der Ambivalenz, ein Teil unserer Familie sein zu wollen und doch zugleich wegzustreben, die Gefühle von Liebe und Vertrauen, Neid und Wut, ganz normale Reaktionen auf den Verlust unseres Kindes sind. Mit der Zeit werden sie an Intensität verlieren, und Sie werden das Gleichgewicht wiedergewinnen, das Sie verloren haben.

Wir sind die Eltern des toten Kindes. Unser Leben ist vollständig, unabänderlich verändert. Jeden Tag werden wir auf diese oder jene Weise daran erinnert, was wir verloren haben. Unsere Familie mag uns lieben, für uns sorgen, uns in jeder Hinsicht unterstützen. Aber ihr Leben geht weiter und fließt ruhig an uns vorüber, während wir unter Tränen vom Ufer aus zuschauen.

Dennoch glaube ich, daß wir Menschen das Gefühl einer Verbundenheit brauchen, das Gefühl, daß wir ein Teil eines Ganzen sind, das größer ist als wir. Unsere erweiterte Familie gibt uns diese Verbundenheit. Wenn wir trotz all der Verwirrung in unserem Geist und unserem Herzen einen Weg finden können, eine Beziehung zu ihnen herzustellen, werden wir mit der Zeit herausfinden, daß diese Beziehung eine wichtige Kraftquelle ist.

Kapitel 6
Freunde und Bekannte: Rückzug, Scheu und neue Freunde

In unserem täglichen Leben gibt es viele Menschen, die nicht zu unserer Familie gehören. Freunde, Mitarbeiter, Nachbarn, Kirchenmitglieder, Mitglieder von Bürger- und Gemeindegruppen, Lehrer und andere Erzieher, Freunde unserer Kinder und deren Familien, die Kassiererin im Lebensmittelgeschäft, die Empfangsdame unseres Zahnarztes, der Postbote und viele andere, mit denen wir täglich zu tun haben, sie alle müssen sich mit unserem Verlust auseinandersetzen und werden ihm gegenübergestellt.

Diese Menschen erfahren vielleicht durch die Zeitung oder ein Rundschreiben einer Organisation, daß unser Kind gestorben ist. Einige erfahren es von Nachbarn und Freunden, von Arbeitskollegen oder durch ein besonderes Gebet in der Kirche.

Wenn unser Kind nach einer längeren Krankheit gestorben ist, sind sich wahrscheinlich viele Menschen unserer Umstände bewußt. Wir haben vielleicht auch schon ihre Reaktionen auf unser Unglück erlebt: Liebe und Beistand, Meiden oder eine Mischung aus beidem. Doch die Endgültigkeit des Todes könnte ihrer Beziehung zu uns eine andere Qualität geben.

Jeder, der von unserem Verlust erfährt, erlebt ihn entsprechend seiner Beziehung zu uns und unserem Kind und entsprechend seiner eigenen Lebenserfahrungen. Sie sind genauso unvorbereitet, diesem Unglück ins Auge zu blicken, wie wir es waren. Auch sie müssen nach Gründen suchen, Ursachen, jemandem oder etwas, dem die Schuld zugeschrieben werden kann. Auch sie müssen vielleicht ihre Vorstellungen vom Leben, vom Wesen Gottes, vom Universum überprüfen. Aber für viele Menschen, deren Leben unseres berührt, wird die größte Schwierigkeit sein „Was soll ich tun? Was soll ich sagen? Soll ich davon sprechen oder es lieber lassen?"

Es gibt auch Menschen, die nichts von unserem Verlust hören, wenn wir es ihnen nicht erzählen. Freunde außerhalb der Stadt wie auch einige Menschen, deren Leben unseres nur am Rande oder gelegentlich berührt, wissen vielleicht nicht, daß wir ein Kind verloren haben. Wir müssen selbst entscheiden, ob wir es ihnen mitteilen und was wir ihnen dann sagen.

Und dann sind da auch die Menschen, die wir erst kennenlernen, nachdem unser Kind gestorben ist. Unser Verlust ist nicht Teil einer gemeinsamen Erfahrung mit ihnen. Sollen wir es allen sagen? Oder nur einigen? Wie entscheiden wir das?

Ob die Beziehung eng oder lose, alt oder neu ist, vom ersten Augenblick an müssen wir anderen mit unserer schrecklichen Wahrheit gegenübertreten. Wir sind verletzlich, und sie fühlen sich unbehaglich. Dennoch ist es wichtig, daß wir dieses Unglück überbrücken und einen Weg finden, eine Beziehung zueinander herzustellen.

Gemischte Gefühle

Die Gefühle unserer Freunde sind oft sehr gemischt. Als Gesamtheit trauern sie mit uns, helfen uns und stehen uns bei. Jeder gibt uns das besondere Geschenk seiner Beziehung und Sorge auf die Art, die für unsere Freundschaft mit ihm bezeichnend ist. Sie sind für uns „da" während der Krankheit unseres Kindes, seines Todes, seines Begräbnisses und danach. Aber auch sie haben Schwierigkeiten, sich auf diesen Verlust einzustellen, was Auswirkungen auf unsere Beziehung haben könnte.

Gleichzeitig haben sie neben ihrer Liebe und Hilfe, die wir ernstlich brauchen, eine innere Ambivalenz. „Dies könnte auch mir zustoßen", mögen sie denken. „Ich bin froh, daß es mich nicht getroffen hat. Ich weiß nicht, wie ich es bewältigen könnte. Gottseidank, daß ich es *nicht* bin."

Zuerst machte mich diese Reaktion wütend. Ich wußte, daß meine Freunde so dachten, weil sich Andeutungen in ihren Worten, ihren Stimmen und ihrem Gesichtsausdruck zeigten. „Wie konnten sie nur in dieser Zeit so selbstsüchtig, so grausam sein?", dachte ich.

Aber auch auf einer anderen Ebene wußte ich, was sie dachten. Das ist die Ebene unserer gemeinsamen Humanität. Als Menschen verstehen wir einander und vermögen uns in den anderen einzufühlen, indem wir uns in die Lage des anderen versetzen. Dies ist eine der besonderen menschlichen Fähigkeiten, die andere Lebewesen nicht besitzen. Wir können mitfühlen, und wir können uns einfühlen. Wir können andere verstehen. Wir wissen, was Schmerz ist und Enttäuschung, Zorn, Liebe und Freude. Unsere Erfahrungen mögen unterschiedlich sein, doch wir alle verfügen über die gleichen Gefühle. Es fällt mir nicht schwer, die Empfindungen eines anderen Menschen zu verstehen. Ich mache zwar auch Fehler, aber unter den Umständen, die so klar und eindeutig sind wie unser Unglück, würde es schon schwer sein, die Gefühle anderer *nicht* zu verstehen.

Daher glaube ich, daß ich an ihrer Stelle auch manches so wie sie empfinden würde. Das ist für mich zwar kein Grund, ihre Gefühle zu *mögen*, aber es hilft mir, sie zu verstehen.

Wenn unsere Freunde selbst Kinder haben, muß eine der ersten Entscheidungen sein: Sprechen wir über unsere Kinder, darüber, was in ihrem Leben vor sich geht, wie wir es immer taten, oder sollen wir sie nicht erwähnen? Vielleicht entscheiden sie das allein, aber vielleicht erwarten sie von uns auch einen Wink.

Da wir erkannten, daß dies ein Problem sein werde, sprachen mein Mann und ich über unsere diesbezüglichen Gefühle. Wir wußten, daß unsere Kinder ein Teil unseres Lebensgefüges waren. Wir hatten immer unsere gegenseitigen Elternfreuden geteilt, einander unterstützt, wenn unsere Kinder Schwierigkeiten hatten, und unsere Kinder oft in unsere Freizeitbeschäftigungen eingeschlossen. Diesen Teil auszuklammern, würde vielleicht unsere Beziehung zu unseren Freunden sehr negativ verändern. Wir kamen zu dem Entschluß, daß auch weiterhin die Kinder ein Teil unserer Beziehung sein sollten, auch wenn es für uns außerordentlich schmerzlich sein würde. Ich glaube, daß dies die beste, doch zugegebenermaßen auch eine schmerzliche Entscheidung war.

Wir konnten jedoch diesen Entschluß in den ersten Monaten nicht in die Tat umsetzen. So sehr wir es auch versuchten, es kamen Tränen, wenn nur die Namen der Kinder unserer Freunde erwähnt wurden. Zuerst war es selbst unmöglich zuzuhören. Wir vermieden das so gut wie möglich, indem wir einfach nicht fragten, und viele unserer Freunde, die selbst bei diesem Thema sehr empfindlich waren, sprachen nicht von Kindern, sondern konzentrierten sich auf unsere Schwierigkeiten oder allgemeine Äußerungen während unserer privaten Treffen.

Einige Monate später hatten wir mehr Kraft und konnten etwas zuhören. Wir wiesen unsere Freunde deutlich darauf hin, indem wir uns nach ihren Kindern erkundigten und an der Unterhaltung teilnahmen. Ganz langsam hat dieser Teil unserer Beziehung wieder die alte Form angenommen. Ich sage nicht, daß es einfach ist; noch heute schmerzt es sehr, besonders wenn das Kind, über das gesprochen wird, dasselbe Geschlecht oder Alter wie unser verstorbenes Kind hat.

Mit der Zeit können wir mit manchen dieser schmerzvollen Umstände besser umgehen. Ich habe mein Kind vor mehr als vier Jahren verloren. Gestern traf ich eine Freundin zum Kaffee. Ihre Tochter, die gerade das Abitur gemacht hat, wird in ein paar Wochen das Elternhaus verlassen und auf ein College gehen.

„Ich werde sie schrecklich vermissen," gestand mir meine Freundin fast weinend, „ich weiß nicht, wie ich die Trennung verkraften soll. Ich war glücklich, als ich sie zuhause hatte und sie heranwachsen sah. Es wird furchtbar sein. Ich fürchte mich davor. Ich weiß einfach nicht, was ich tun soll."

Der wohlbekannte Schmerz ergriff meinen Magen, vermischt mit dem wohlbekannten Zorn. „Weiß sie denn nicht, was sie zu mir sagt?" fragte ich mich. „Hat sie überhaupt eine Ahnung davon, was sie mir antut? Wie *kann* sie nur?"

Ich wußte, daß ich sie mit einem Wort zum Schweigen bringen und meinen Schmerz ein wenig verringern konnte: mit dem Namen meines Kindes. In den ersten Jahren hätte ich es getan. Ich hätte sie zum Schweigen gebracht. Ich hätte in ihr ein Schuldgefühl wegen ihrer Rücksichtslosigkeit ausgelöst. Mit meinem so viel größeren Verlust hätte ich ihren kleineren beiseitegeschoben, hätte ihn in diesem Zusammenhang unwichtig gemacht. Die Unterhaltung hätte ein Ende gehabt oder sich auf den Tod meines Kindes konzentriert. Sie hätte sich für ihre Gedankenlosigkeit entschuldigt.

Statt dessen hielt ich mich zurück. Zum Trost legte ich meine Hand auf die Stelle, an der der Schmerz im Magen wühlte. Ich tat einen langen, tiefen Atemzug und sagte freundlich: „Sie kommt in den Ferien nach Hause, weißt du. Und du kannst immer hinfahren und sie besuchen."

Das tat weh, doch bin ich der Meinung, wenn unsere Freundschaften uns etwas wert sind, müssen wir einen Versuch machen, wenn und wann immer wir können, sie so unverletzt und natürlich wie möglich zu erhalten. Lassen Sie sich dabei von Ihren eigenen Gefühlen leiten.

Weniger ist mehr

Während die meisten Beziehungen Freundschaften von Angesicht zu Angesicht, von einem zum anderen sind, kennen wir alle die Gelegenheiten, zu denen wir uns mit anderen im großen Kreis versammeln. Weihnachtsfeiern, Hochzeiten, Cocktailpartys, besondere Ereignisse jeder Art bringen uns mit vielen Menschen gleichzeitig zusammen. Oft kennen wir einige Menschen gut, einige ein wenig und andere gar nicht.

Ich stellte sehr bald nach dem Tode meines Kindes fest, daß ich nicht in einem großen Kreis von Menschen sein konnte. Das scheint für die meisten verwaisten Eltern zuzutreffen. Große Gruppen sind uns zuviel, und wir stellen vielleicht fest, daß wir uns vollständig zurückziehen und einkapseln oder in

Tränen ausbrechen und nicht imstande sind, auf andere einzugehen. Im großen Kreis wird eine „zwanglose" Unterhaltung verlangt, zu einer Zeit, in der wir die Fähigkeit verloren haben, anderen Menschen Komplimente zu machen. Wir haben nichts Angenehmes oder Beiläufiges zu sagen. Wir brauchen jemanden, an den wir uns „anhängen" können, und das ist unter vielen Menschen meistens nicht möglich.

Wir sind verwundbar, und in einem großen Kreis ist es schwer zu steuern, was gesagt wird – und wie es gesagt wird. Wir wissen nicht, was die Menschen uns fragen werden. Wir sind zerbrechlich, unsere Schmerzgefühle liegen dicht unter der Oberfläche.

Es ist besser, solche großen Zusammenkünfte eine Zeitlang zu meiden. Selbst wenn das Absagen mir manchmal unangenehm war, habe ich jedoch niemals eine Gastgeberin getroffen, die mein Zögern nicht verstanden hätte. Wichtig ist, daß Sie an erster Stelle an Ihre eigenen Bedürfnisse denken – die Gruppe wird eine Weile auch ohne Sie auskommen und darauf warten, wann und ob Sie sich ihr wieder anschließen möchten!

Obwohl schon Jahre vergangen sind, empfinde ich es noch immer als schwierig, unter vielen Menschen zu sein, besonders auf Festen, die für jeden anderen entspannte und frohe Gelegenheiten sind. Ich kann in diesem Sinne noch immer nicht fröhlich und „glücklich" sein. Eltern, die in ihrer Trauer weiter fortgeschritten sind, sagen mir jedoch, daß dies möglich sein wird, und ich glaube ihnen. Aber jetzt ist es noch nicht möglich, und daher wähle ich sehr sorgfältig die besonderen Ereignisse aus, an denen ich teilnehmen möchte.

Wir brauchen jedoch Kontakte zu anderen. Es schadet Ihnen, wenn Sie sich isolieren und alle privaten Kontakte aufgeben. Sie selbst müssen den Zeitpunkt, den Ort, die Umstände bestimmen. Am Anfang ist meistens ein Kontakt zu einzelnen Menschen am besten!

Fehlende Worte, falsche Worte

Unsere Freunde und Bekannten wissen, daß wir einen furchtbaren Verlust hatten. Sie möchten uns etwas sagen, das uns ihr Verständnis zeigt. Meistens nehmen wir ihr Beileid und ihre Umarmungen dankbar, sogar glücklich an. Doch manchmal sagen sie uns auch Dinge, die uns „die Wände hoch" gehen lassen.

Hier ist eine kleine Auswahl, aus eigener Erfahrung und der anderer verwaister Eltern zusammengetragen:

„Ich weiß genau, wie du dich fühlst. Ich habe meine Großmutter vor sechs Monaten verloren. Sie war 96, ich vermisse sie sehr."

„Die Schwägerin meiner Cousine starb vor einem Monat. Ich ging zu der Beisetzung. Es war so traurig. Ich weiß genau, wie du dich fühlst."

„Ein Kind zu verlieren ist das schlimmste, das einem jemals zustoßen kann. Ich könnte nicht damit fertig werden."

„Ich träume davon, daß Sharon etwas zustößt. Ich kann mir einfach nicht vorstellen, wie du damit fertig werden kannst."

„*Du* bist die Verkörperung meiner schlimmsten Alpträume."

„Oliver macht immer dasselbe [was dein Kind tat]. Ich habe Glück, daß ihm nichts passiert ist."

„Ich weiß genau, wie du dich fühlst. Mein Hund starb im letzten Jahr, und ich fand wirklich monatelang keinen Trost."

„Sei guten Mutes. Ein Baby zu verlieren ist nicht dasselbe wie ein älteres Kind zu verlieren. Du hattest ihn ja schließlich nicht sehr lange."

„Du kannst ja immer wieder schwanger werden."

„Du mußt dich so gut fühlen, weil du weißt, daß sie nicht mehr leidet."

„Gott wollte ihn wohl bei sich haben."

„Die Guten sterben immer jung."

„Nun gut, du hast ein Kind verloren. Jetzt brauchst du dich nicht mehr zu sorgen. Sieh mich an, ich muß mich noch immer weiter sorgen." [Die Tatsache, daß du noch andere Kinder hast, um die du dir Sorgen machst, spielt keine Rolle! Schließlich bist du ja jetzt „daran gewöhnt"!]

„Ja, du hast das Schlimmste, das es gibt, durchgemacht. Nun kann es nur noch besser werden."

„Das Leben hat Höhen und Tiefen. Ich denke, du hattest gerade ein Tief."

„Ich weiß nicht, was ich sagen soll. Ich kann es mir einfach nicht vorstellen."

„Ich bewundere dich. Ich könnte mit solch einer Sache niemals fertig werden."

„Ich kenne jemanden, dessen Kind an [etwas, daß sie für schlimmer halten, als die Art, in der dein Kind starb] starb. Du hast wirklich Glück gehabt."

„Ich kenne [mehrere Namen von Menschen, die sie kennen], die auch ein Kind verloren haben. Sie sagen, daß sie niemals darüber hinwegkommen."

Sicher können Sie aus Ihrer eigenen Erfahrung diese Liste fortsetzen. Es scheint, als ob uns, nachdem wir ein Kind verloren haben, nichts mehr verletzen könnte. Doch solche Bemerkungen tun es!

Manchmal finde ich es auch schwierig, wenn jemand wirklich durch den Tod meines Kindes erschüttert ist, dann zu weinen und schluchzen beginnt und mich dabei die ganze Zeit umarmt.

Ich weiß, daß ihre Reaktion wirklich echt ist, daß sie sich einfühlen und mitleiden und Liebe und Hilfe und Verständnis zeigen möchten, und daß sie mitfühlend und empfindsam und aufrichtig sind. Aber was soll ich nun tun? Meine Selbstbeherrschung hängt fast immer an einem seidenen Faden. Ich möchte nicht weinen, besonders nach den ersten Jahren, wenn das Weinen und andere Äußerungen von Trauer mehr als zu Anfang im verborgenen stattfinden.

Ich bin es dann schließlich, der den anderen Menschen tröstet, bald aber halte ich verwirrt inne. *Warum* tröste ich jemanden, der in meinen Armen weint, weil *mein* Kind gestorben ist? Und doch, sie (meistens ist es eine „sie") hat die Fassung verloren und braucht Trost. Manchmal ist die Welt verrückt!

Viele Menschen sagen gar nichts, kommen überhaupt nicht auf Ihren Verlust zu sprechen, wenn sie Sie nach dem Tod Ihres Kindes sehen. Das kann sehr irritierend sein. Sie fragen sich, ob sie wissen, daß Ihr Kind gestorben ist, aber Sie können nicht begreifen, daß sie es nicht wissen. Sie wissen nicht, ob Sie es selbst erwähnen sollen. Sie wissen nicht, ob es ihnen nur zu unangenehm ist, darauf anzuspielen, oder ob es ihnen gleichgültig ist.

Ich dachte immer, es sei ihnen vollkommen egal, und wurde wütend wegen ihres Mangels an Mitgefühl für meinen Verlust. Manchmal hielt ich es ihnen vor. Dann wurde mir durch ihre Unbeholfenheit und Verlegenheit klar, daß sie es wußten, aber nicht wußten, was sie sagen sollten.

Einmal traf ich eine alte Freundin, die ich seit dem Tod meines Kindes nicht gesehen hatte, in einem Lebensmittelgeschäft. Ein und ein halbes Jahr waren vergangen, und ich hatte nichts von ihr gehört. Wir begrüßten uns, und sie erzählte mir, was ihre Kinder machten. Sie fragte nach meinen Töchtern. Ich konnte es nicht länger aushalten.

„Weißt du", sagte ich, „Daniel ist vor anderthalb Jahren gestorben."

„Natürlich weiß ich das."

„Ich war mir nicht sicher. Ich habe nichts von dir gehört."

„Natürlich hast du von mir gehört!" rief sie selbstgerecht aus. „Ich habe dir eine Beileidskarte geschickt."

„Wirklich?" ich geriet durcheinander. „Ich kann mich nicht erinnern."

„Doch bestimmt. Ich versäume so etwas nie. Ich verhalte mich immer korrekt. Ich habe eine Karte geschickt. Ich habe das Angemessene getan. Wie kannst du nur denken, ich hätte es nicht getan?"

„Dann tut es mir leid", murmelte ich, „ich bekam so viele Karten. Ich habe es nicht bemerkt. Ich habe nur nie von dir gehört. Ich habe mich immer darüber gewundert."

„Nun, du *hast* von mir gehört."

Kurz darauf sagte ich Auf Wiedersehen.

Mit Reaktionen dieser Art kann ich nicht gut umgehen. Vielleicht müßte ich es. Vielleicht müßte ich verständnisvoller sein. Doch ich würde lieber eine der verrückten, weiter oben aufgezählten Bemerkungen hören als dieser Teilnahmslosigkeit begegnen. Für mich war dies der Gipfel der Unsensibilität. Vielleicht sind Sie freundlicher und toleranter. Ich kann es nicht sein!

Andererseits verhielt sich eine andere Freundin, von der ich nichts gehört hatte, ganz anders. Ungefähr ein Jahr nach dem Tode meines Sohnes rief sie mich an.

„Ich war zu fassungslos und erschüttert, um dich anzurufen", sagte sie. „Ich weiß, daß du dich gewundert haben wirst. Aber ich glaubte, daß ich dir nicht gegenübertreten könne. Doch jetzt möchte ich es. Würdest du mit uns zum Essen ausgehen?" „Natürlich", antwortete ich. Ich war froh, daß wir diese Freunde wiederhatten. Ich würde nicht so handeln, wenn Freunde ein Kind verlieren, aber ich konnte es verstehen und schätze wirklich ihre Bemühung um einen Kontakt, als sie dazu imstande war. Wir bleiben gute Freunde!

Wege werden sich trennen

Manche alten Freundschaften, wie die mit meiner Freundin aus dem Lebensmittelgeschäft, gehen für immer zu Ende. Viele sind zwar keine engen Beziehungen gewesen, aber einige schon. Manche Menschen können Ihren Verlust nicht akzeptieren und nicht damit umgehen. Manche Menschen fürchten sich vor Ihnen.

Sie sind ein Paria in der Welt der Eltern. Die andern Eltern könnten Ihre „Krankheit" bekommen, wenn sie in Ihrer Nähe sind. Alle verwaisten Eltern erleben Reaktionen dieser Art, manchmal von Freunden, manchmal von Menschen, denen sie begegnen und von Ihrem Verlust „erzählen".

Es gibt verschiedene Gründe, aus denen Menschen verwaiste Eltern meiden. Einige hängen damit zusammen, daß sie nicht gern über Ihren Verlust sprechen und nicht wissen, was sie sagen sollen.

Doch einige Menschen scheinen fast Angst zu haben, mit verwaisten Eltern zusammen zu sein. Es ist, als ob sie sich fürchteten, diese schmerzliche Infektion werde sich ausbreiten und sie verschlingen. Es scheint fast eine Urangst zu sein, etwas, das Sie fühlen. Diese Menschen strahlen Horror aus. Sie weichen vor Ihnen zurück und vermeiden den Kontakt. Sie blicken Ihnen nicht in die Augen.

„Wenn ich nicht nahe herangehe", glauben sie wohl, „kann ich es nicht bekommen. Ich kann abstreiten, daß es existiert. Ich werde es auswischen." Wir sind schon verletzt, traurig und verwundbar, und solch eine Reaktion füllt unser schon randvolles Herz mit zusätzlichem Schmerz.

Einige Verluste sind in dieser Hinsicht zusätzlich belastet. Wenn Ihr Kind Selbstmord begangen hat, werden Sie vielleicht bemerken, daß selbst andere verwaiste Eltern Sie meiden. Unsere Gesellschaft neigt dazu, Selbstmord als ein Versagen zu beurteilen – der Mensch selbst ist ein Versager und Sie, seine Eltern, sind Versager. Viele Menschen denken, Sie hätten bestimmt etwas falsch gemacht und Ihr Kind habe deshalb seinem Leben ein Ende gesetzt. Sie haben dies Kind auf die Welt gebracht. Es ist *Ihre* Verantwortung. Wenn dies Kind sein Leben nicht lebenswert fand, ist es Ihre Schuld. Diese Haltung, dieses Meiden, verstärkt nur noch die Gefühle, die viele Eltern von Selbstmördern sowieso haben, und verlangsamt und erschwert die Heilung.

Wenn Ihr Kind ermordet wurde, kann es sein, daß Sie ebenfalls gemieden werden, weil die anderen Menschen Entsetzen vor dem Geschehenen empfinden und sich die Ereignisse im Geiste vorstellen. Aber Sie werden nicht als verantwortlich angesehen. Vielleicht erinnert der Tod Ihres Kindes die anderen daran, wie schwach und gering unsere Macht über das Leben ist und wie unerwartet und außerhalb unseres Einflusses das Leben enden kann.

Wenn Sie ein Kind als Fehlgeburt oder Totgeburt oder Baby verloren haben, erleben Sie vielleicht die gleichen Reaktionen, besonders unter Gleichen, den jungen Müttern, mit denen Sie die Schwangerschaft und Geburt und die Babyzeit Ihres Kindes gemeinsam erlebten. Wiederum existiert die Angst, daß ihr Kind, geboren oder ungeboren, ebenfalls sterben werde. Ich kenne eine Mutter, die wegen einer Fehlgeburt keine weiteren Kinder haben konnte. Nach einigen Monaten beschloß sie, alle ihre hübschen und teuren Schwangerschaftskleider wegzugeben. Sie hatte mehrere Freundinnen, die ihre Größe hatten und schwanger waren. Von allen wurde ihr Angebot abgelehnt. „Pech", sagten die Freundinnen, „wir möchten kein Pech haben."

Wenn Ihr Kind aus bestimmten Gründen gestorben ist, mag die Verurteilung durch die Gesellschaft eine zusätzliche Last für Sie sein. Eltern eines Kindes, das an AIDS, Alkohol- oder Drogenmißbrauch gestorben ist, sind oft besonders verwundbar, weil die Gesellschaft zu der Auffassung tendiert, daß dies vermeidbare Krankheiten seien und der einzelne sie selbst verschuldet habe. Ihr Kind ist für seinen Tod verantwortlich, und Sie als seine Eltern haben Anteil an dieser Verantwortung. Es spielt keine Rolle, daß es genügend Beweismaterial für das Gegenteil gibt. Die Gesellschaft lehnt es ab, das Beweismaterial anzuerkennen, und hält das Opfer für schuldig.

Sie erleben vielleicht ein solches Meiden auch, wenn Ihr Kind an einer „akzeptierbaren" Krankheit, wie Krebs, gestorben ist. Schon das Wort „Krebs" und die Bilder, die einem in den Sinn kommen, sind ein Grund, Sie zu meiden.

Vielleicht spüren Sie auch, daß die Freundschaften, die sich um Ihr Kind gebildet hatten, abklingen. Eltern, mit denen Sie die Fußballspiele der Oberstufe und die anschließenden Feiern besuchten, verschwinden vielleicht langsam aus Ihrem Kreis. Eltern, mit denen Sie eine Fahrgemeinschaft hatten, ziehen sich zurück, wenn ihre Strecke ein Halten an Ihrem Haus nicht mehr einschließt. Freunde, mit denen Sie abwechselnd auf Ihre Kinder aufpaßten, können nicht mehr auf Sie zählen. Sie suchen den Geburtshelfer nicht mehr auf, obwohl Ihre Freundin ihre Besuche fortsetzt. Die Selbsthilfegruppe für Zystische Fibrose erfüllt ihren Zweck nicht mehr für Sie. Al-Anon (Selbsthilfegruppen für Angehörige und Freunde von Alkoholikern) hat keine Bedeutung mehr. Die Väter der Kinder der Baseball-Liga treffen sich jetzt ohne Sie. Die Sonntagsschule rechnet bei den Erfrischungen nicht mehr mit Ihnen, deshalb sehen Sie die Familien dort nicht mehr.

Besonders am Anfang könnte es Ihnen helfen, wenn Sie sich von bestimmten Gruppen von Menschen fernhalten. Sie bemühen sich, Ihren Verlust und Ihre Trauer zu bewältigen und sollten zusätzliche schmerzliche Umstände vermeiden. Seien Sie vorsichtig – versuchen Sie, sich nicht in Situationen zu bringen, die zusätzlichen Schmerz verursachen. Warten sie, bis Sie fühlen, daß Sie damit umgehen können. Es hat keinen Sinn, zu einem Essen in der Schule Ihres Kindes zu gehen, zur Abschlußfeier im College Ihres Kindes oder zur Meisterschaft im Schwimmen, wenn Sie nicht wirklich fühlen, daß dies für Sie gut ist. Erkennen Sie die Freundlichkeit der Einladung an, und lehnen Sie dankend ab. Wenn Sie so weit sind, wenn Sie es wünschen, werden Sie teilnehmen können.

Freundschaften im Wandel

Obgleich im Bekannten- und Freundeskreis Verluste und Veränderungen eintreten, brauchen Sie weiterhin die Wechselwirkung mit anderen Menschen, und Sie werden in den Jahren nach dem Tod Ihres Kindes sowohl alte Freunde behalten als auch neue gewinnen.

Die alten Freunde sind, abgesehen von Ihrer Familie, die beste Unterstützung für Sie. Alte Freunde, die Sie gern mögen, hören immer wieder Ihren Geschichten zu, wenn Sie sie während der ersten Monate ständig wiederholen. Alte Freunde wissen, daß Sie nur einen lustigen Film ertragen können, keinen traurigen, daß Sie in ein Restaurant gehen möchten, das Ihr Kind liebte (oder Sie), daß Sie Festtage anders gestalten möchten und kommen Ihnen mit einer Einladung entgegen. Und alte Freunde wissen auch, daß Sie manchmal weinen müssen, sogar in der Öffentlichkeit.

Ich habe einen alten Freund, der einen merkwürdigen und

oft derben Humor hat. Er hat in all den Jahren nach dem Tod meines Sohnes unaufhörlich meinen Tränen und Geschichten zugehört. Aber in den schlimmsten Augenblicken erzählte er mir immer einen anzüglichen, unsinnigen Witz, der mich trotz meiner Tränen zum Lachen brachte. Ich weiß, daß er ihn aus Besorgtheit und Liebe erzählte, und in diesem Sinn konnte ich ihn irgendwie akzeptieren. Ich habe eine alte Freundin, die ein Jahr lang jede Woche in Gedenken an mein Kind in der Kirche Kerzen anzündete. Ich teile ihre Religion und ihren Glauben nicht. Doch sie kannte mich gut genug, um zu wissen, daß ich darin viel Trost finden würde – und so war es. Eine andere Freundin ging in den ersten sechs Monaten nach dem Tod meines Kindes jede Woche mit mir zum Essen. Sie wußte, daß ich jede Woche reden mußte, und sie gab mir die Gelegenheit dazu. Ich weiß, daß ich immer noch auf sie zählen kann, wenn ich sie brauche. Viele gute Freunde standen in enger Berührung mit uns – ein Anruf alle paar Tage ließ uns wissen, daß sie sich um uns sorgten und da waren, um uns zuzuhören und zu helfen.

Es waren nicht immer die Freunde, die mir vor dem Tod meines Sohnes am nächsten standen, die sich so um mich bemühten. Manchmal waren es Menschen, die ich nicht gut kannte, die sich aber irgendwie in mich einfühlen und meine augenblicklichen Bedürfnisse erfüllen konnten. Daraus entstanden feste, neue Freundschaften, die noch heute bestehen.

Ich kannte auch andere Menschen, die ein Kind verloren hatten. Unglücklicherweise gibt es davon viele um uns herum. Dieses waren ganz besondere Freunde, nicht nur weil sie Verständnis hatten, sondern auch weil sie mir zu einer Zeit, als ich mich nicht vorwärts bewegen konnte, halfen, einige der Stufen abzustecken, die vor mir lagen.

Ich merkte, daß ich mit anderen Menschen sprechen mußte, die ein Kind verloren hatten. Ich hegte Mißtrauen, und so ist es noch heute, gegen Menschen, die mir sagen, wie ich mich fühlen und verhalten und was ich tun und sagen solle, und die nicht selbst erlebt haben, was ich erlebe. Es ist nicht so, daß ich sie nicht liebe oder ihre Sorge nicht anerkenne. Es ist nur so, daß ich mit anderen verwaisten Eltern ein Wissen und eine

Erfahrung teile, die auch ein noch so einfühlsamer Freund nicht vollständig begreifen kann.

In der ersten Woche nach dem Tod meines Kindes hinterließ jemand eine Karte auf meinem Küchentisch. Darauf war geschrieben „Compassionate Friends (Mitleidende Freunde) – eine Selbsthilfegruppe für Menschen, die auf tragische Weise ein Kind verloren haben". Ein Name und eine Telefonnummer waren vermerkt. Ich benutzte sie sehr bald. Ich ging allein zu dem ersten Treffen.

Es erforderte viel Mut, in jenen Raum zu gehen und inmitten von Fremden der grausamen Wirklichkeit ins Gesicht zu blicken. Doch ich hätte nichts Besseres tun können. Dieses Treffen ist für mich zum Ausgangspunkt neuer und wunderbarer Freundschaften geworden, Freundschaften, die unsere Verluste einschließen und doch über sie hinausgehen. Freundschaften, für die es gleich ist, ob ich weine oder lache. Freundschaften, in denen ich mich so geborgen fühlte, daß ich meine Gefühle erforschen, meine tiefste Reue und meine größten Sorgen aussprechen konnte. Einige dieser Freundschaften haben eine große Bedeutung für mich gewonnen. Selbsthilfegruppen dieser Art gibt es bundesweit.

Sie werden herausfinden, daß Ihre Beziehungen zu anderen sich durch den Verlust verändern. Sie werden einige Freunde verlieren, andere behalten und ein paar neue zu den alten hinzugewinnen. Jede Beziehung muß jedoch stark genug sein, Ihren Schmerz und Kummer auszuhalten, Ihren Verlust anzuerkennen und die Person zu akzeptieren, die Sie nun geworden sind.

Sagen oder schweigen?

Obwohl ich jetzt im fünften Jahr meines Verlustes bin, fürchte ich mich noch manchmal, neue Menschen zu treffen. Wie erzähle ich ihnen von meinem Verlust? Erzähle ich es ihnen überhaupt? Ich glaube, daß die Antwort von zwei Dingen abhängt. Erstens hängt es von der Situation ab. Wenn ich jemanden ungezwungen und flüchtig auf einer Party, am Strand, in einem Geschäft oder auf einer Zusammenkunft treffe, erwähne ich es nicht von mir aus, es sei denn, das Gespräch käme zufällig darauf. Treffe ich jemanden, mit dem ich engeren Kontakt haben werde, dann erzähle ich es. Zweitens hängt es von meinem Charakter und Wesen und meinen Bedürfnissen ab.

Sind Sie ein Mensch, der von Natur aus offen und mitteilsam ist, werden Sie sich wohler fühlen, wenn andere Menschen von Ihrem Verlust wissen. Neigen Sie mehr dazu, die Dinge, besonders die gefühlsbetonten Dinge, für sich zu behalten, werden Sie sich wohler fühlen, wenn Sie es nicht mitteilen.

Ein anderer Gesichtspunkt für Ihre Entscheidung muß die Ihnen unbekannte Reaktion des anderen sein. Häufig sind Menschen bestürzt, wenn Sie ihnen von dem Verlust Ihres Kindes erzählen. Sie vermitteln ihnen ein Gefühl des Unbehagens. Sie wissen, daß Sie eine Reaktion von ihnen erwarten und sind darauf nicht vorbereitet. Für einen Menschen, den ich zufällig irgendwo traf, empfand ich es manchmal als eine unbillige und unangebrachte Last, ihm davon zu erzählen. Als mitteilsamer Mensch erzähle ich es trotzdem oft. Da der Verlust ein Teil von mir ist, fühle ich oftmals, daß eine Schranke zwischen mir und dem Menschen, den ich treffe, errichtet würde, wenn ich es ihm nicht mitteilte. Daher neige ich eher zum Mitteilen. Doch hat die Art, in der ich es tue, sich mit der Zeit gewandelt.

Unmittelbar nachdem ich mein Kind verloren hatte, sagte ich es sofort jedem, den ich traf. Es spielte keine Rolle, ob ich ihn jemals wiedersah. Die Empfangsdame im Hotel, der Kassierer im Supermarkt, die Kellnerin im Restaurant, alle „mußten" es wissen. Nach sechs Monaten oder einem Jahr wurde ich feinfühliger in Bezug auf die Aufnahme meiner Mitteilung. Diese Sensibilität veranlaßte mich zu Einschränkungen, wem und unter welchen Umständen ich von meinem Verlust erzähle.

Manche Situationen sind sehr schwierig und können bei Ihnen als verwaiste Eltern eine panische oder ängstliche Reaktion hervorrufen. Eine der schlimmsten ist, wenn jemand, den Sie kürzlich getroffen haben, eine seiner Meinung nach völlig harmlose Frage stellt:

„Haben Sie Kinder?"

Oder noch schlimmer:

„Wieviele Kinder haben Sie?"

Eltern, die ein Kind vor weit mehr als fünf Jahren verloren haben, können noch immer von solchen Fragen erschreckt werden. Aber sie haben auch eine große Erfahrung in der Beantwortung dieser Fragen und meistens eine Antwort gefunden, die für sie richtig ist. Einige antworten, indem sie nur von ihren lebenden Kindern sprechen, falls vorhanden. Andere sprechen auch von dem Kind, das gestorben ist.

Ich persönlich kann die Erwähnung meines Kindes nicht übergehen, wenn ich so direkt nach Kindern gefragt werde. Ich sage also die Wahrheit: Ich habe zwei Töchter, und meinen Sohn habe ich verloren. Ich kann mein verlorenes Kind nicht übergehen – es wäre für mich, als ob ich seine Existenz leugnete, wenn ich es nicht einschlösse.

Jedoch möchten Sie sich vielleicht nicht mit den unvermeidlichen Fragen auseinandersetzen, die einer solchen Enthüllung folgen, und mit dem unvermeidlichen Unbehagen auf seiten des Zuhörers. Nach der Mitteilung, daß Sie ein Kind verloren haben, ist es manchmal schwer, Fragen nach den Umständen zu beantworten. Wenn Sie dies schwierig finden, könnten Sie entweder die Fragen vermeiden oder so antworten, daß Sie Ihr Kind nicht einschließen.

Freunde Ihres Kindes

Die Freunde Ihrer Kinder haben eine besondere Beziehung zu Ihnen. Vielleicht kennen sie Sie schon seit vielen Jahren, und Ihr Haus ist ihnen so vertraut wie ihr eigenes. Gleich Ihnen bewältigen sie einen Verlust, der einen sehr großen Einfluß auf ihr tägliches Leben hat. Sie sind oft jung und unerfahren mit Tod und Trauer.

Das Trauern der Freunde Ihres Kindes hängt natürlich von ihrem Alter und ihrem Verständnis vom Tod ab. Jüngere Kinder mögen Schwierigkeiten haben, zu begreifen, daß Ihr Kind für immer gegangen ist, denn sie verstehen noch nicht, daß der Tod endgültig ist. Ältere Kinder stehen mit dem Tod Ihres Kindes auch ihrer eigenen Sterblichkeit gegenüber. Wenn die Freunde in die Krankheit oder den Tod Ihres Kindes, oder in beides, einbezogen waren, haben sie möglicherweise Probleme, die sie lösen müssen. Erwachsene Freunde Ihres Kindes stehen Ihnen vielleicht in Ihrem Kummer bei, oder sie bitten andere Menschen, wie den Ehepartner oder einen anderen Freund, um Trost in ihrem eigenen Schmerz.

Manche Freunde Ihres Kindes wenden sich vielleicht an Sie, um Trost zu erhalten. Sie möchten vielleicht um Sie sein, Ihren Kummer teilen, weiter in Ihrem Haus sein. Andere möchten Sie vielleicht trösten, auf Sie zugehen und Ihnen sagen, daß sie noch immer ein Teil Ihres Lebens seien. Wieder andere mögen alles zu schmerzlich und quälend finden und lieber fernbleiben.

Am Anfang finden die meisten verwaisten Eltern Trost in der Gegenwart der Freunde ihrer Kinder. Es scheint ein normaler Teil des Lebens mit ihrem Kind zu sein. Wenn seine Freunde hier sind, so folgern die frisch verwaisten Eltern sehnsüchtig, wird auch unser Kind zurückkommen. Doch wenn Tage und Wochen und Monate vergehen und Sie feststellen, daß Ihr Kind nicht zurückkommt, wird Ihre Einstellung zu den Freunden Ihres Kindes vielleicht ambivalent.

Durch die Freunde Ihres Kindes bleiben Sie mit der Generation Ihres Kindes in Verbindung. Die Freunde lassen Sie teilhaben an der Denkweise Ihres Kindes, und durch die Freunde bleibt sie Bestandteil Ihres Lebens. Sie können sich durch diese Kontakte Ihrem Kind enger verbunden fühlen. Ich habe meinen einzigen Sohn verloren und genieße noch immer die Unterhaltungen mit seinem besten Freund. Dadurch kann ich mir vorstellen, wie das Leben meines Sohnes jetzt hätte sein können. Ich halte gern seinen Arm, wenn ich ihn umarme. Ich kenne keinen anderen jungen Mann im Alter meines Sohnes, und wenn ich ihn umarme, erinnere ich mich daran, wie sich kräftige junge Muskeln und ein gesunder Körper anfühlen. Seine alten Freundinnen trauern noch immer und erinnern sich an ihn, und ich weiß, daß sie ihn nie vergessen werden – er ist für immer ein Teil ihrer Jugend.

Da die guten Freunde meines Sohnes noch trauern, haben wir vieles gemeinsam. Wir haben gemeinsame Erinnerungen, und es gibt besondere, persönliche Erinnerungen, die sie an ihn haben und die ich bewahren und hochhalten kann. Ihre Gedanken über den Tod und das Leben meines Sohnes sind mir ein Trost. Es ist gut zu wissen, daß sie sich an ihn erinnern.

Andererseits bedeutet die Anwesenheit der Freunde Ihres Kindes auch eine ständige Erinnerung an alles, was Ihr Kind verpaßt. Sie wäre auch in der Mannschaft, denken Sie, die schon im Kindergarten aufgestellt wurde, vielleicht verlobt, verheiratet, vielleicht Mutter. Diese Gedanken sind traurig und von Wehmut begleitet.

Mit der Zeit werden Sie und die Freunde Ihres Kindes eine für beide Seiten angenehme Beziehung finden. Vielleicht werden Sie langsam auseinandergehen. Vielleicht aber werden Sie zu einem Vertrauten des Freundes, zu einer Art Ersatz für Ihr Kind im Leben seines Freundes. Es sind viele Möglichkeiten denkbar. Eine „schnelle Festlegung" gibt es nicht – erst allmählich wird jeder seine Art finden, in der er trauert und sich entwickelt.

Kapitel 7
Erinnerungen: Übergänge und Rituale

Die Erinnerungen an Ihr totes Kind umgeben Sie, und Sie vergraben sich zuerst darin, um Erleichterung zu finden. Jedes ungewaschene T-Shirt, jeder Autoschlüssel, jedes Stofftier, jede Babyflasche und jedes alte Schreibheft sind jetzt Schätze, die mehr wert sind als Gold und Silber. Sie können nicht ersetzt werden, und in den ersten Monaten halten Sie sie vielleicht liebevoll in den Händen, während Sie bittere Tränen weinen. Anderen Familienmitgliedern könnte es ähnlich ergehen.

Sie spüren vielleicht das Bedürfnis, eine alte Strickjacke, ausgetretene Tennisschuhe oder einen schon längst ausrangierten Pullover anzuziehen. Vielleicht müssen Sie eine Puppe mit ins Bett nehmen, ein besonderes Buch oder Spielzeug oder eine Decke, die Ihrem Kind gehörte. Besonders wichtig sind Dinge, die nach Ihrem Kind riechen, denn dieser vertraute Geruch gibt Ihnen das Gefühl, Ihr Kind sei noch ein Teil von Ihnen.

Obwohl dieses Bedürfnis fremd und ungewöhnlich erscheint, ist es für verwaiste Eltern ganz normal. Es gibt sogar einen Namen für diese Gegenstände. Sie heißen „Übergangsgegenstände" – Gegenstände, die wir als Hilfe benutzen, um durch die Übergangzeit zwischen der ersten Pein unseres Verlustes und unserem späteren Trauern zu kommen.

Ich trug das T-Shirt meines Sohnes nach seinem Tod mindestens sechs Monate unter meinen Kleidern. Ich ließ sein Zimmer unberührt und die Tür geschlossen, damit der Geruch erhalten blieb. Ich hielt im Schlaf sein letztes Bild in der Hand, und wenn ich es in der Nacht im Bett verlor, wachte ich erschrocken auf.

Meine Töchter schlafen noch oft in seinen Fußballtrikots und halten jeden Gegenstand in Ehren, den seine Hand berührt

haben könnte. Mein Mann trägt noch manchmal selbst ge-
färbte T-Shirts meines Sohnes und unter seinem ordentlichen
Hemd und Schlips tanzen Teddybären der Rockgruppe Grateful
Dead über seine Brust. Ich serviere Chips und eine Sauce in
einer Schüssel, die er gemacht hat, und berühre die Schüssel
liebevoll mit jedem Chip. Ich trinke meinen Kaffee aus seinem
Becher und halte seine alten Handtücher in Ehren.

Nur Sie wissen, wann Sie ein wenig davon abrücken können.
Sie werden bemerken, daß Sie die Kleidungsstücke nicht jeden
Tag tragen. Sie vergessen, das Spielzeug mit ins Bett zu neh-
men. Schuld überfällt Sie. Wie *kann* ich es vergessen, schelten
Sie sich. Wie kann ich mein Kind vergessen?

Doch Sie vergessen Ihr Kind nicht. Das wird nie, nie geschehen, dessen können Sie ganz sicher sein. Es geschieht das
Gegenteil. Im Laufe der Monate werden Sie Ihr Kind immer
fester und sicherer in Ihrer Seele und in Ihrem Herzen halten.
Langsam werden Sie immer unabhängiger von den „Über-
gangsgegenständen". Das ist kein Zeichen dafür, daß die Liebe
geringer wird, sondern ein Zeichen dafür, daß der Übergang
stattfindet. Es ist ein gesundes Zeichen.

Auch alte Fotos werden zu Schätzen, denn es wird keine
anderen mehr geben. Viele Eltern finden es tröstlich, alte Bilder
auszusortieren und ein Album mit Bildern ihres Kindes zusam-
menzustellen. Einige richten ein besonderes Eckchen, eine
Wand oder einen Bereich im Haus ein, die Bildern oder anderen
Erinnerungsstücken gewidmet sind. Viele andere Eltern finden
besonders am Anfang das Betrachten von Bildern zu schwierig
und zu schmerzlich.

Wenn Sie herausfinden, daß Sie die Fotos Ihres Kindes, alte
Videofilme oder Familiendias nicht ansehen können, so brauchen Sie sich auch nicht dazu zu zwingen. Sie können diese
Dinge aufbewahren und sich ihnen zuwenden, wenn Sie die
Kraft dafür haben. Sie können auch in dem Gedanken Trost finden, daß die Bilder existieren, daß sie da sind, ohne daß Sie sie
sich jemals ansehen werden.

Ich bin noch immer nicht imstande, die Football-Videos meines Sohnes zu betrachten. Gelegentlich, nicht oft, schaue ich

in alte Fotoalben. Sie trösten mich durch die Erinnerung an wunderbare, lustige, besondere Augenblicke. Sie erinnern mich daran, daß unser Familienleben mein Kind einschließt. Doch sie schmerzen auch, weil ich weiß, daß es solche Augenblicke nicht mehr geben wird und daß neue Familienfotos mein Kind nicht mehr einschließen können. Unsere Familie verändert und entwickelt sich mit den Jahren. Mein totes Kind verändert sich nicht – er lächelt mir von seinem letzten Gruppenfoto zu, das zwei Monate vor seinem Unfall aufgenommen wurde. Sein Gesichtsausdruck verändert sich niemals.

Wenn Ihr Kind verheiratet war, selbst ein Elternteil oder mit bestimmten anderen Menschen zusammen war, könnte es sein, daß besondere Besitztümer, Bilder, Kleider und andere Dinge, die Ihnen lieb sind, geteilt werden müssen. Denken Sie immer daran, daß alle, die Ihr Kind liebten, auch einen Verlust erlitten haben; auch sie möchten gern Erinnerungen bewahren. Stärke kann sich darin zeigen, daß Sie besondere Gegenstände mit anderen teilen. Sie können gewiß sein, daß auch diese Menschen die Besitztümer Ihres Kindes so wie Sie mit Liebe hegen.

Das Zimmer, sein Reich

Für Eltern, die ein Kind verlieren, das zu Hause lebte, bedeutet das Zimmer des Kindes einen unvermeidlichen Schmerz. Das ungemachte Bett, das Spielzeug auf dem Boden, der geöffnete Kleiderschrank mit dem heraushängenden Jackenärmel, das offene Schulbuch, die beiseitegeschobene Decke im Kinderbett blicken uns mit einer Macht und Intensität an, die uns den Atem raubt. Wir wissen, unser Kind war *gerade erst hier*. Wie kann es sein, daß es für immer gegangen ist? Daß es nie mehr sein Heft aufheben, die Tür des Kleiderschrankes schließen, den Pullover tragen, den Schlafanzug anziehen wird, nie, nie wieder?

Jeder von uns muß sich dem Zimmer seines Kindes früher oder später zuwenden. Jeder wird es auf seine Weise tun.

Einige Eltern sehen die einzige Möglichkeit, damit fertig zu werden, darin, die Tür zu schließen und es unberührt zu lassen. Einige Eltern brauchen das ganze Zimmer als „Übergangsgegenstand" – sie schlafen in dem Bett ihres Kindes, blicken aus dem Fenster, sitzen an dem Schreibtisch. Einige Eltern empfinden das Zimmer ihres Kindes als einen Ort, an dem sie mit ihren Tränen und Schmerz und Zorn Zuflucht finden können. Andere müssen das Zimmer ihres Kindes so schnell wie möglich renovieren, neu streichen, neu einrichten, um jede schmerzliche Spur zu verwischen. Einige lassen die Tür manchmal geschlossen, halten sich manchmal darin auf und ersetzen auch einige Gegenstände.

Was Sie auch mit dem Zimmer Ihres Kindes tun möchten, ES IST IN ORDNUNG. Wenn Sie es so lassen möchten, wie es ist, ist es in Ordnung. Wenn Sie es verändern möchten, ist es in Ordnung. Wenn Sie möchten, daß jemand anderes, ein Freund, ein Familienmitglied etwas damit tut, ist es in Ordnung. Wenn Sie jegliche Entscheidung vermeiden möchten, auch vermeiden, es zu betreten, ist es in Ordnung. Es gibt keine „richtige" oder „bessere" Weise, mit diesem so besonderen Ort in Ihrem Haus umzugehen. Die Art und Weise, die Ihnen am angenehmsten ist, ist die richtige.

Diese Weise, die Ihnen am angenehmsten ist, verändert sich vielleicht mit der Zeit. Auch wenn Sie sich am Anfang mit dem Zimmer Ihres Kindes nicht befassen können, könnte der Lauf der Zeit den stechenden Schmerz etwas lindern. Sie können die Tür zu jeder Zeit öffnen.

Wenn Ihr Kind für sich lebte, können Sie einige Entscheidungen vielleicht nicht verschieben. Eine gemietete Wohnung muß geräumt werden, ein Haus verkauft oder vermietet, ein Zimmer in einem Studentenwohnheim geräumt werden. In diesem Fall sind Sie gezwungen, sich mit dem Zimmer Ihres Kindes auseinanderzusetzen, noch bevor Sie sich dazu bereit fühlen.

Besonders schmerzlich ist die Aufgabe, die Besitztümer Ihres

Kindes abzuholen und in jenen ersten Wochen zu entscheiden, was nach Hause gebracht und aufbewahrt und was weggegeben werden soll. Versuchen Sie, diesen Vorgang so angenehm wie möglich für sich selbst zu gestalten. Vielleicht kann ein Mitbewohner einige Dinge aussortieren und einpacken. Vielleicht kann ein Freund, ein Bruder oder eine Schwester oder der Ehepartner Sie begleiten. Vielleicht können Sie alles in einem furchtbaren qualvollen Tag schaffen. Zögern Sie nicht, um Hilfe und Unterstützung zu bitten oder Hilfe von anderen anzunehmen, wenn es Ihnen wohltut.

Möchten Sie sich am liebsten allein um das Zimmer kümmern, sorgen Sie von vornherein dafür, daß Sie etwas Beistand nach Beendigung der Aufgabe haben – ein Besuch bei Ihren anderen Kindern, ein Abend mit einem vertrauten Freund, ein Spaziergang im Wald, ein lustiger Film, ein ausgiebiges Bad – Sie wissen am besten, was Ihnen hilft. Zu wissen, daß es einen Plan „danach" gibt, kann Ihnen helfen zu begreifen, daß es ein „Danach" gibt, nicht nur ein „Vorher", um das Sie noch so sehr trauern.

Alles, was ihm lieb war

Einige Eltern müssen alle Besitztümer ihres Kindes aufbewahren. Wir alle müssen einiges aufheben. Andere Eltern müssen einige Dinge, die ihrem Kind gehörten, schon bald nach dem Tod aus ihrem Heim wegräumen. Früher oder später, wenn Sie es können, werden Sie eine Wahl und Entscheidungen treffen müssen.

Es tut weh, die Kleider unseres Kindes zu berühren und zu sehen. Mit vielen Dingen sind besondere Erinnerungen verbunden – das Kleid trug sie zur Schulabschlußfeier mit dem netten Jungen, die Uniform des jungen Pfadfinders, auf die er so stolz war, der Badeanzug der Schwimmannschaft, der „Hausanzug", den sie so viele Male hätte tragen sollen, die Schuljacke, die Sie ihm im letzten Schuljahr kauften, das Sweatshirt vom College, von dem sie die Ärmel abtrennte, als es noch neu war, sein erstes Oberhemd mit vierzehn Jahren für die Schulabschlußfeier der Grundschule, der Geschäftsanzug, den er sich von dem ersten Gehalt in seiner ersten „richtigen" Stelle kaufte, das T-Shirt vom Strand im letzten Sommer, sein Lieblingsschlafsack als Baby – dies sind vielleicht Gegenstände, von denen Sie sich niemals trennen können.

Sie wählen vielleicht einige Dinge als Übergangsdinge aus. Einige sind vielleicht zu „besonders" sogar für diesen Zweck – Sie müssen sie unberührt aufbewahren.

Unsere Kinder hatten auch Kleidungsstücke, an denen wir möglicherweise weniger hängen, entweder weil sie nicht so einmalig waren, da sie in großer Zahl vorhanden waren, oder weil sie nicht die Lieblingsstücke unseres Kindes waren. Socken, Unterwäsche, Schlipse, Jeanshosen, Sportjacken, Kopfbänder und Mützen vermehren sich leicht in den Schubladen und Schränken unseres Kindes, und wir fühlen uns nicht persönlich mit jedem einzelnen Teil verbunden. Dieser Mantel, den Sie Ihrer Tochter vor drei Jahren kauften und den sie nie trug, ein T-Shirt in der „falschen" Farbe oder ein Kleid, das Sie nie mochten, bedeuten Ihnen nicht viel. Hier kann mit dem Aussortieren begonnen werden.

Bezüglich der Kleidung, die Sie nicht behalten können, haben Sie verschiedene Möglichkeiten. Sie können sie den Freunden Ihres Kindes anbieten. Sie können sie einem Familienmitglied geben. Sie können sie jemandem geben, der in Not ist. Sie können sie einer Einrichtung der Wohlfahrt geben – der Heilsarmee, dem Roten Kreuz, der Arbeiterwohlfahrt und vielen anderen Organisationen, der Kleidersammlung Ihrer Kirche, einem Kinderheim. Sie können sie in einem Geschäft in Kommission geben. Sie können sie wegwerfen.

Seien Sie nur erfinderisch bei dieser schmerzlichen Aufgabe. Eine verwaiste Mutter, die ein achtjähriges Kind verlor, näht gern. Sie hat ein wunderhübsches Muster für einen Quilt gefunden, das acht Quadrate enthält, je eines für jedes Lebensjahr ihres Kindes. Jedes Quadrat wird aus „besonderen" Kleidungsstücken aus jenem Jahr genäht.

Sie empfinden vielleicht, daß Sie bald nachdem Ihr Kind gestorben ist, die Kleidung Ihres Kindes durchsehen und weggeben müssen, damit Sie sich von diesen Schmerz verursachenden einfachen Erinnerungsstücken befreien. Sie fühlen vielleicht, daß Sie es um einige Monate oder Jahre verschieben müssen. Oder Sie tun es nach und nach, Schritt für Schritt, indem Sie mit den unwichtigsten Dingen beginnen.

Ihr Kind besitzt vielleicht noch andere Dinge, die wichtig waren. Besonderes Spielzeug, Behälter mit CDs oder Bändern, ein Fahrrad, eine Stereo-Ausrüstung, ein Football-Helm, ein Hockey-Schläger, ein Fotoapparat, Golfschläger oder eine Angel müssen aufbewahrt werden, müssen jemandem gegeben werden, der sie benutzt und ehrt, weil sie Ihrem Kind gehörten, oder jemandem, der sie benötigt. Sie werden vielleicht an jedem Papierfetzen, jedem gemalten Bild, jedem Heft, jedem Bankauszug festhalten wollen – an allem, das die Handschrift Ihres Kindes trägt. Vielleicht möchten Sie diese wichtigen Erinnerungsstücke so lange wie möglich aufbewahren – vielleicht für immer!

Kleine Gegenstände könnten in einen „Erinnerungskasten" getan werden, mit einem Foto Ihres Kindes auf dem Deckel. Er eignet sich für Schmuck und Nadeln, einen besonderen Stift oder Kreiden, kleine handwerkliche Gegenstände, die Ihr Kind selbst gemacht hat, einen Zigarettenanzünder, Schlüsselhalter, eine Lieblingstasse oder -flasche, Pfadfinder-Auszeichnungen und so fort.

Große Gegenstände wie ein Auto verursachen besondere Schwierigkeiten. Es ist schmerzlich, sich vom Auto seines Kindes zu trennen, aber vielleicht ist es nicht möglich, es zu behalten. Sie haben vielleicht nicht genug Platz, oder Sie können es nicht ertragen, diese schmerzvollen Erinnerungsstücke immer vor Augen zu haben. Ich habe das Auto meines Sohnes nach seinem Tod fast ein Jahr lang gefahren. Ich weigerte mich, es zu verkaufen oder es irgend jemand anderem zu überlassen. Er hatte es ausgesucht, er hatte es gefahren, es war ein Teil von ihm. Nach einiger Zeit, mit der liebevollen Hilfe meines Mannes, war ich in der Lage, diesen besonderen Teil meines Sohnes loszulassen. Ich mußte es tun – es war zu schmerzlich, es weiter zu fahren.

Das leere Zuhause

Unser Heim ist immer der besondere Ort gewesen, der uns gehörte, der persönlich und gemütlich war. Unter welchen Umständen wir auch leben mögen, wir versuchen wohl alle, unser Heim zu einem Zufluchtsort für uns und unsere Lieben zu machen.

Ob unser Kind bei uns lebte oder nicht, unser Heim ist voller Erinnerungen, Hoffnungen und Träume, die auch immer unser Kind einschlossen. Unser Heim ist untrennbar verbunden mit Bildern, wie unsere Tochter spielt, am Telefon spricht, kichert und lacht, etwas knabbert und fernsieht.

Ohne unser Kind ist unser Heim ein seltsam ruhiger Ort. Es sieht aus wie immer. Alles mag auch am gleichen Platz sein. Aber plötzlich ist es fremd. Wir blicken zuerst erstaunt, dann fassungslos um uns, denn selbst die Luft, die die Räume in unseren Zimmern füllt, hat sich verändert. Sie ist schwer vor Kummer und Verzweiflung.

Viele Eltern haben sehr gemischte Gefühle bezüglich ihres Heimes. In manchen Augenblicken ist das Heim der Ort, zu dem Sie hinrennen, um sicher und allein zu sein, um in Abgeschiedenheit zu weinen. Sogar die Wände scheinen Sie aufrecht zu halten und Ihnen in einer auseinandergerissenen Welt Hilfe anzubieten. Dort ist Trost. Dort ist Sicherheit.

In anderen Augenblicken ist das Heim eine Verhöhnung Ihres Lebens. Dort ist nirgends Sicherheit und Trost. Selbst die Struktur der Wände erinnert Sie auf erdrückende und überwältigende Weise an Ihren Verlust, und Sie möchten draußen sein, fort, an einem Ort ohne Erinnerungen. Sie möchten so weit wie möglich von zuhause wegrennen und nie zurückblicken. Sie können gar nicht schnell genug wegkommen.

Wenn Ihr Kind zu Hause gestorben ist, nach einer langen Krankheit, wegen eines Unfalls oder durch Selbstmord, möchten Sie vielleicht keine Minute mehr in Ihrem Heim bleiben. Doch auch wenn das Heim der Ort war, an dem Sie den tragischen Anruf erhielten oder das Klopfen an der Tür erlebten, finden Sie es vielleicht zu schmerzlich, dort zu bleiben.

Gewöhnlich, doch nicht immer, ist es am besten, die Entscheidung nicht zu schnell zu fällen. Eine Faustregel sagt, daß man etwa ein Jahr warten soll. Es ist meistens am besten, Entscheidungen nicht dann zu treffen, wenn Sie unter Schock stehen, wenn Sie nicht klar denken können und wenn Sie keine Zeit hatten, sich über Ihre Gefühle klar zu werden. Es mag sein, daß die Vorteile größer sind als die Nachteile, und Sie sich entscheiden, in Ihrem Heim zu bleiben. Oder es könnte sein, daß Sie in einem neuen Heim neu beginnen müssen, zwar mit Ihrem Kind in Ihrem Herzen, aber nicht in der Umgebung, die Sie so leicht mit Erinnerungen erdrückt.

Ein Umzug ist eine größere Entscheidung in unserem Leben. Wenn Sie allein sind, müssen Sie sorgfältig berücksichtigen, welche Auswirkung der Umzug auf Ihren Gemütszustand, die Unterstützung von anderen, Ihre Arbeit und so weiter haben wird. Wenn Sie mit anderen zusammenleben, ist es äußerst wichtig, jeden einzelnen in die Entscheidungsfindung einzubeziehen und die Auswirkungen des Umzugs auf jeden zu berücksichtigen. Eine Entscheidung, die nur von Ihnen getroffen wird, könnte die anderen Familienmitglieder drastisch beeinträchtigen. Es ist am besten, wenn Sie Ihre Absichten den anderen mitteilen und Sie alle gemeinsam zu einem Entschluß kommen.

Nachbarn oder Fremde?

Ihre Nachbarschaft, Gemeinde, Stadt oder Großstadt, kann, wie Ihr Heim, manchmal eine Quelle der Unterstützung und manchmal des Schmerzes sein. Überall gibt es Erinnerungen an Ihr Kind. Der Schulbus, mit dem es fuhr, fährt noch immer an Ihrem Haus vorbei. Die Tankstelle, an der es im letzten Sommer arbeitete, ist noch immer an derselben Stelle, nur drei Straßen entfernt, doch jetzt fahren Sie vielleicht lieber nicht dorthin. Sein Spielkreis trifft sich noch immer auf dem Spielplatz, und die Plakate für den Backwarenverkauf in der Schule hängen noch in dem Lebensmittelladen. Sie müssen noch immer an seinem geliebten Tennisplatz auf dem Weg zum Lebensmittelladen vorbeigehen oder auf dem Weg zur Arbeit an dem Geschäft für Babyaustattung, in dem Sie das Kinderbettchen kauften.

Unsere Nachbarschaft singt uns ein Lied. Es ist das Lied all der vertrauten Freuden und Sorgen und Lieben und Streitereien in unserem Leben und dem Leben unserer Kinder. Manchmal ist es ein Wiegenlied, das uns mit Wärme und Trost beruhigt und umarmt. Manchmal kann uns das Wiegenlied nicht beruhigen, denn nirgends gibt es Wärme und Trost. Es gibt nur noch Schmerz. Manchmal wird das Lied zum Alptraum zerbrochener Träume und betrogener Hoffnungen, die Musik zum fremden, ungewohnten und strapazierenden Rhythmus.

Unsere Nachbarschaftswelt kann eine Quelle von Kraft und Hilfe sein, denn unsere Freunde und Familien sind da. Wir können uns auf andere stützen, die uns kennen und lieben, die unser Kind kannten und liebten, die uns beistanden und uns auch weiter beistehen. Hier, in dem Lied der Nachbarschaft, ist unsere Vergangenheit, und vielleicht fühlen wir, daß wir die Geschichte unseres Kindes mit dem Lied der Nachbarschaft vereinigen und so der alten Melodie einen Anflug von Traurigkeit hinzufügen.

Für die meisten von uns gibt es ein neues Lied, das wir manchmal singen. Es ist unser Lied, ein Lied der Traurigkeit, und wir müssen es allein singen. Die Menschen in der Welt unserer Nachbarschaft können unser Lied nicht immer hören, denn die Musik ist ihnen unbekannt. Nirgends berührt es eine Saite. Sie singen unbewußt das alte Lied weiter.

Doch wir sind uns dessen bewußt. Wir wissen, daß ihr Leben weitergeht wie zuvor, während unseres sich änderte, und dies Wissen schmerzt. Wir sehen ihre Kinder, die Gefährten unserer Kinder, beim Spielen. Wir hören, wie die Jugendlichen Feste feiern. Wir beobachten sie, wenn sie für den Familienurlaub packen. Wir fühlen uns allein, einsam und sehnen uns nach einem Ort, an dem es das Lied nicht gibt, das wir früher sangen. Wir sehnen uns vielleicht nach einem Ort, an dem wir das Lied dieses Ortes lernen und unser trauriges Lied von heute wenigstens ein Teil der Harmonie, wenn auch nicht der Melodie sein wird.

So wie das Wegziehen aus unserem Heim ist auch das Verlassen des Wohnortes keine einfache Entscheidung und sollte am besten langsam und überlegt getroffen werden. Einige Eltern entscheiden sich, in ihrem Wohnort zu bleiben, entweder in ihrem Haus oder in einem anderen. Einige ziehen an einen anderen Ort. Einige ziehen in einen anderen Teil des Landes. Einige sind an Arbeitsplätze gebunden, die sie in der Nähe halten, während andere mit dem Heim und der Gemeinde auch ihre Stelle wechseln. Nur Sie und Ihre Familie wissen, welche Entscheidung für Sie alle die beste ist.

Diese Entscheidungen sind schwer und schmerzlich. Geben Sie sich und Ihrer Familie Zeit, sie zu durchdenken, und planen Sie Ihre Entschlüsse sorgfältig.

Kapitel 8
Fall für Fall: Was die Trauer (noch) schwerer macht

Alle Eltern, die ein Kind verloren haben, haben „besondere" Probleme. Bei einigen Eltern gibt es gewisse Umstände, die ihr Trauern stark beeinflussen, und sie lesen die vorangegangenen Kapitel dieses Buches mit „besonderen" Augen.

Eltern, die ein Kind durch Fehlgeburt, Totgeburt oder Tod des Säuglings verloren haben, Eltern von Selbstmördern, Eltern, deren Kinder durch Gewalt starben, Eltern von Kindern, für die es keine „letzte Ruhestätte" gibt, Eltern, die ihr einziges Kind oder mehr als ein Kind verloren haben, und alleinstehende Eltern haben außergewöhnliche und besondere Sorgen. Ein ganz „besonderes" Problem haben Eltern von Kindern, die vermißt oder entführt wurden und deren Aufenthaltsort unbekannt ist.

Kennen solche Eltern ihre besonderen Bedürfnisse, können sie Hilfe in Selbsthilfegruppen finden, die sich gerade auf diese Bedürfnisse konzentrieren. Gespräche mit anderen Eltern, die ähnliches wie Sie erlebt haben, können Ihnen das Gefühl geben, nicht allein zu sein, und Anregungen von Menschen, die „dort gewesen" sind, können sehr hilfreich für Sie sein. In vielen Fällen wird auch professionelle Hilfe benötigt.

Die Totgeburt

Eltern, die ein Kind durch Fehlgeburt oder Totgeburt verlieren, fühlen sich vielleicht besonders „betrogen". Ihr Kind wurde still und leblos geboren. Sie hatten keine Gelegenheit, für ihr Baby „Eltern zu sein", es zu halten, zu umarmen und zu küssen oder zu stillen. Sie haben die langen Monate der Schwangerschaft gewartet, die Aufregung und Erwartung erlebt, die Bewegungen des Babys gefühlt, den Herzschlag des Babys gehört und mit einem Herzen, das von Liebe überfloß, darauf gewartet, ihr Kind in der Welt zu begrüßen.

Eltern sagen oft, daß sie „nie Mutter wurden" oder „nie Vater wurden". Darin äußert sich Traurigkeit, aber auch Zorn und Enttäuschung. Sie verloren ein Kind, das sie niemals kennenlernten. Eine Mutter beschreibt ihre leeren Arme – Arme, die so gerne ein Baby halten und schaukeln wollten, und dieses Bedürfnis war so körperlich wie ihr Bedürfnis nach Nahrung und Schlaf.

Ich halte es für sinnvoll, das „Elternsein" als etwas zu verstehen, das, wenn nicht mit der Empfängnis, so doch in dem Augenblick beginnt, in dem Eltern beschließen, daß sie das Kind haben wollen. Von diesem Augenblick an „existiert" das Kind gewissermaßen für die Eltern, und Liebe und Sorge sind schon vorhanden.

Diese Liebe ist bei vielen jungen werdenden Müttern sichtbar. Rauchen und Trinken werden sofort aufgegeben, wie auch manche Nahrungsmittel. Vitamine und die ärztlich verordneten Medikamente werden wichtig. Ruhe muß eingehalten, bestimmte Tätigkeiten müssen vermieden oder eingeschränkt werden. Eine junge Mutter nahm zum Wohle ihres Babys schmerzvolle Labortests ohne Narkose auf sich. Eine andere gab ihre Arbeitsstelle, die sie liebte, zugunsten einer anderen, weniger angenehmen auf, weil diese körperlich weniger anstrengend war. Eine andere normalerweise aktive und geschäftige Mutter blieb wochenlang im Bett, wie es ihr Arzt vorgeschrieben hatte. Wieder eine andere sah monatlichen Aufenthalten im Krankenhaus und Transfusionen heiter entgegen.

Das Sorgen für Ihr Baby beginnt im Bauch. Sie *sind* eine gute Mutter, wenn Sie die Schwangerschaftsvorsorge beachten und für Ihre Gesundheit, Ruhe und Ernährung Sorge tragen. Väter zeigen auch Liebe und Sorge, wenn sie einige der Pflichten der Mutter auf sich nehmen und so durch Liebe und Unterstützung zu der Erhaltung der Gesundheit der Mutter beitragen.

Das Band zwischen einer Mutter und ihrem Baby ist schon vor der Geburt vollständig ausgebildet. Wenn etwas schief geht, ist es für eine Mutter schwer, nicht ihren Körper oder den Arzt oder das Krankenhaus zu beschuldigen. Denn sie hat ihre Aufgabe erfüllt, indem sie gut für sich sorgte. Auch für den Vater ist es schwer, keinen anderen zu beschuldigen.

„Es ist nicht *gerecht*!" sagen Mütter und Väter in ihrem Schmerz, „Es ist einfach nicht *gerecht*!" Nein, es ist nicht gerecht.

Eltern, die ein Kind durch Fehlgeburt oder Totgeburt verlieren, sind durch die mitmenschlichen Beziehungen besonders schmerzlich belastet. Wenn Freunde und Familienmitglieder sowie Bekannte und Kollegen diese Eltern trösten wollen, sagen sie manchmal Dinge wie:

„Nun, es ist ja nicht so wie der Verlust eines älteren Kindes."

„Du solltest dankbar sein. Wahrscheinlich war etwas vollkommen in Unordnung."

„Das ist der Gang der Natur."

„Es kann nicht *zu* schlimm sein. Du hast ihn ja nie gesehen."

„Du kannst immer wieder schwanger werden."

„Wie denn, ihr hattet eine Beerdigung? Es war doch noch kein Mensch."

„Nun, du wirst in ein paar Wochen darüber hinweg sein."

Diese Bemerkungen werten die Ernsthaftigkeit des Verlustes der Eltern auf deren Kosten ab. Sie sind schmerzlich und grausam, und alle Eltern, die auf diese Weise ein Kind verlieren, hören Bemerkungen dieser Art. Obwohl das Verständnis der Allgemeinheit in den letzten Jahren sehr gewachsen ist, spiegelt unsere Gesellschaft noch oft die falsche Auffassung wider, daß ein Verlust durch Fehlgeburt oder bei der Geburt nicht so „wirklich" oder „schmerzlich" sei wie der Verlust eines älteren Kindes.

Eltern, die während der Schwangerschaft oder zum Zeitpunkt der Geburt ein Kind verloren haben, sind oft in dieser Gesellschaft groß geworden. Wir haben die erwähnten Ansichten von Tot- und Fehlgeburt in uns aufgesogen und verinnerlicht. Das veranlaßt uns vielleicht zu glauben, daß wir nicht das „Recht" hätten, um unser Kind zu trauern oder um Hilfe und Unterstützung zu bitten. Vielleicht werten wir sogar die Ernsthaftigkeit des Kummers, den wir erleben, ab und schließen ihn in uns ein. Wir glauben, wir „sollten" nicht so lange oder intensiv trauern wie Eltern, die ein älteres Kind verloren haben. Wir bekämpfen den Gram still in uns, manchmal sogar erschrocken und beschämt über die Tiefe unserer Gefühle.

Ich sehe dieses Verhalten oft in Gruppen von verwaisten Eltern, wenn Eltern, die ein Kind durch eine Tot- oder Fehlgeburt verloren haben, Dinge sagen wie „Wir fürchten uns vor euch großen Burschen" (Eltern, die ältere Kinder verloren haben). „Ihr wißt soviel mehr." „Ihr habt viel mehr Erfahrung." „Ihr seid *wirklich* Eltern gewesen." „Euer Schmerz muß viel größer sein!" Es ist, als ob sie glaubten, ihr eigener Schmerz sei zweitrangig, weniger wichtig, nicht so ernsthaft.

Ich glaube nicht, daß es *Abstufungen* im elterlichen Leiden gibt. Alle Eltern leiden furchtbar, wenn sie ein Kind verlieren. Ich glaube allerdings, daß es verschiedene *Arten* des Leidens gibt – alle sind gleich wirklich und begründet und verdienen Anerkennung und Unterstützung. Die Pein, die Eltern erleben, wenn sie ein neugeborenes oder ungeborenes Kind verlieren, ist anders, weil die Erfahrung der Eltern mit dem Kind anders ist. Sie ist auf den Körper der Mutter, den Kreißsaal, die Intensivstation für Neugeborene beschränkt.

Niemand außer Ihnen (und Ihrem Arzt und den Schwestern) hat direkten Kontakt mit Ihrem Kind gehabt. Niemand anders hat Erinnerungen an Ihr Kind. Sie fühlen vielleicht, daß niemand anders diesen Verlust als ebenso „wirklich" empfinden kann wie den Verlust eines Kindes, das auch andere Menschen kannten. Und damit scheint Ihr Schmerz noch weniger berechtigt zu sein.

Eltern, die ein älteres Kind verlieren, kennen die Veranlagung ihres Kindes, sein Aussehen, seinen Geschmack, seine Persönlichkeit. Sie haben viel Erfahrung im Berühren, Halten und Umsorgen ihres Kindes. Eltern, die ein Kind während der Schwangerschaft oder bei der Geburt verlieren, haben diese Art von Wissen und Erfahrung nicht. Sie müssen sich selbst eine Vorstellung von ihrem Kind machen, es aus ihrer Liebe und ihren Träumen und ihrer Phantasie heraus erschaffen.

Es kann auch noch andere besondere Umstände für Sie geben. Auch wenn einer jungen Mutter gesagt wird, es sei „alles in Ordnung" und sie könne ohne weiteres noch ein Baby austragen, haben die Eltern oft Zweifel. Besonders wenn Sie ihr erstes Kind oder mehr als ein Kind verloren haben, werden Sie vielleicht von Ängsten, nie mehr ein Kind haben zu können, heimgesucht. Sie sollten über eine erneute Schwangerschaft mit Ihrem Arzt sprechen, der ihnen vielleicht die Sicherheit geben kann, die Sie brauchen.

In einigen seltenen Fällen könnte diese Furcht berechtigt sein, und die Eltern stehen einer doppelten Tragödie gegenüber: dem Verlust eines Kindes, das sie vielleicht nie gekannt haben, und zugleich dem Verlust des einzigen Kindes.

Wenn Sie ein Baby verlieren, das still und reglos geboren wurde, gibt es gewöhnlich kein sichtbares Zeichen dafür, daß Ihr Baby jemals existierte. Anders als das Erleben von verwaisten Eltern, die in den Kleidungsstücken und Besitztümern vielfältige Erinnerungen finden, haben Sie nichts, das nach Ihrem Kind „riecht", nichts, das Ihr Kind berührt hat, und auch keine Erinnerung an das Lächeln Ihres Kindes. Statt dessen haben Sie ein leeres Kinderbett, ordentlich gefaltete Decken und Windeln und Babywäsche, die Ihr Kind nie benutzen wird.

Ein junges Paar machte ein „Bild" von seinem totgeborenen Baby, indem es nur eine Babydecke, eine Rose und eine Haarlocke, die die Schwester ihnen gegeben hatte, verwendete. Sie sind vielleicht glücklicher als diese Eltern und haben ein wirkliches Bild von Ihrem Baby – einen ganz besonderen Schatz.

Eltern, die ein Kind durch Fehlgeburt oder Totgeburt verlieren, erfahren von anderen kaum eine Anerkennung ihres Verlustes. Sie haben von ihrem Kind nichts, an das sie sich klammern können. Sie machen sich Sorgen, ob sie jemals ein eigenes Baby haben können. Der Moment der Freude, auf den sie so lange gewartet haben, geht ihnen verloren. Doch in besonderer Weise haben sie auch einen Teil ihrer Zukunft verloren, der Zukunft, die ihr Baby mit ihnen teilen sollte. Ihre Zukunft war um das Baby herum gebaut, und sie trauern um ihre verlorenen Träume und Hoffnungen.

Spielt der Vater des Kindes in Ihrem Leben keine Rolle, und sind Sie jung, ist Ihr Schmerz genauso tragisch, Ihr Verlust genauso groß. Sind Sie frisch verheiratet oder erst kurz liiert, könnte der Verlust eines Babys zusätzliche Spannung in ihre Beziehung bringen zu einem Zeitpunkt, in dem Sie sich noch an das Zusammenleben gewöhnen müssen. Ihre sexuelle Beziehung könnte auch von diesem Verlust beeinflußt werden. Wenn Sie Ihre Gefühle nicht mitteilen und einander trösten können, sollten Sie vielleicht Hilfe suchen.

Selbsthilfegruppen für Eltern, die eine Fehl- oder Totgeburt erlebt haben, können sowohl an Krankenhäuser angeschlossen sein als auch von eigenständigen Organisationen angeboten werden. Natürlich könnte auch professionelle Hilfe angebracht sein.

Tod im Säuglingsalter

Manchmal sterben Babys im ersten Lebensjahr. Einige werden mit Krankheiten geboren, die Gesundheit und Entwicklung ausschließen. Andere sterben durch Plötzlichen Kindstod, Unfälle, Mißbrauch und Vernachlässigung oder andere Ursachen. Einen Säugling zu verlieren ist besonders schmerzlich, weil Ihr Baby im ersten Lebensjahr ganz und gar von Ihnen abhängig ist. Wenn etwas schief geht, muß es Ihre Schuld sein, denn Ihr Baby ist viel zu klein, um unvorsichtig, tollkühn oder sonstwie verantwortungslos zu sein.

Eltern, die einen gesunden Säugling verlieren, hegen oft tiefe Schuldgefühle.

„Wenn ich sie nur nicht mit dem Babysitter allein gelassen hätte."

„Wenn ich ihm nicht dieses Spielzeug mit ins Bett gegeben hätte."

„Wenn ich ihm nicht so viel Essen auf den Löffel getan hätte, weil ich es eilig hatte."

„Wenn ich nicht wieder zu arbeiten begonnen und ihn in die Krippe getan hätte."

„Wenn ich gestern Abend nach ihm gesehen hätte."

„Wenn ich mich nur nicht darauf verlassen hätte, daß meine Freundin (Schwester, Nachbarin) auf ihn aufpaßte."

„Wenn ich doch sofort zum Arzt gegangen wäre, als er krank wurde."

„Ich hätte nicht erlauben dürfen, daß sie ohne Aufsicht spielten."

„Wenn ich doch nur das Telefon hätte klingeln lassen, während er in der Badewanne war, oder ihn mitgenommen hätte, als ich den Anruf entgegennahm."

Es ist natürlich, daß Sie solche Gedanken haben. Aber ich glaube, daß es weder hilfreich noch gerecht gegen Sie ist, wenn Sie längere Zeit darüber nachdenken. Sie haben Ihr Kind geliebt – denn sonst würden Sie dies nicht lesen und nicht trauern. In der Sorge für Ihr Kind taten Sie Ihr Bestes. Denken Sie nur genau daran, wie liebevoll Sie Tag für Tag zu ihm waren. Sie standen in der Nacht auf, machten Spaziergänge mit dem Kinderwagen, auch wenn Sie erschöpft waren, kauften Windeln von dem Geld, das Sie früher beim Friseur ausgaben, riefen den Babysitter alle zwei Stunden an. Sie schaukelten es, wenn es krank war, küßten seine Verletzungen, wechselten seine Windeln. Sie liebten es, und es wußte, daß Sie es liebten. Ihre Liebe war das Wichtigste in seinem Leben. Es fühlte sich sicher und wohl und glücklich bei Ihnen.

Unglücklicherweise geschehen Unfälle und Unglücke, und es ist noch unglücklicher, daß Ihrem Kind etwas zugestoßen ist. Trauern Sie um Ihr Kind, doch löschen Sie nicht aus, daß Sie gute Eltern waren, und vergessen Sie nicht die Liebe, die Sie diesem Kind gaben und noch immer geben.

Wenn Sie ein Baby durch einen Unfall verlieren, für den ein Elternteil mehr Verantwortung trägt als der andere, so wird dies Schwierigkeiten in Ihrer Beziehung verursachen. Da das Baby gar nicht verantwortlich gemacht werden kann, wird gewöhnlich einer von Ihnen die Schuld und Verantwortung auf sich nehmen. Der andere Partner sagt vielleicht in den ersten Wochen und Monaten diesbezüglich nichts. Er hilft vielleicht sogar dem Elternteil, der sich verantwortlich fühlt, mit seinen Gefühlen zurechtzukommen. Sie fühlen vielleicht beide, daß Ihre Beziehung stabil ist und Sie diese Tragödie gut zusammen überstanden haben.

Doch es ist möglich, daß sich nach einiger Zeit etwas ändert. Vielleicht empfindet er, daß er ihr nun die Schuld geben muß, und verstärkt dadurch ihr eigenes Schuldgefühl. Er könnte sie oft und laut mit Worten anklagen und in seinem Schmerz und Zorn und Kummer laut schreien. Er könnte aber auch still sein und seinen Zorn und seine Anschuldigungen nur durch Blicke zeigen oder sich zurückziehen. Sie ist nun vielleicht nicht mehr imstande, mit den durch die Vorwürfe verstärkten Schuldgefühlen zurechtzukommen. Wenn Sie Probleme dieser Art haben, sollten Sie mit Ihrem Partner so offen wie möglich über Ihre eigenen Gefühle und die durch seine Reaktionen hervorgerufenen Gefühle sprechen. Wenn Sie nicht in der Lage sind, dies zusammen so durchzuarbeiten, daß Sie Ihre Schuld besser tragen können, könnte Ihnen eine Partnerschaftsberatung helfen. Es ist am besten, daß Sie sich beide um Hilfe bemühen. Wenn Ihr Partner nicht teilnehmen möchte, ist es in jedem Fall besser, daß Sie allein gehen als gar nicht.

Einige Babys werden mit gesundheitlichen Problemen geboren, die sie nicht überleben können. Es ist furchtbar anzusehen, daß ein hilfloses Kind leidet, Schmerzen hat und stirbt. Sie, die Eltern, fühlen sich vielleicht von Schuld erdrückt. „Wie konnten wir ein Kind mit solchen Problemen bekommen?" fragen Sie sich hilflos und wissen doch, daß es nicht Ihre Schuld war.

Eltern eines kranken Säuglings müssen vielleicht körperlicher, geistiger und gefühlsmäßiger Erschöpfung entgegensehen, wenn ihr Kind stirbt, denn die Pflege des Kindes könnte schwer gewesen sein, und das Wissen um die Unvermeidbarkeit des Verlustes war qualvoll. Wie bei allen Verlusten nach einer Krankheit empfinden die Eltern auch eine Art Erleichterung, daß das lange Warten für sie und ihr Baby vorüber ist.

Vielleicht mischt sich der Hauch eines Schuldgefühls in die Erleichterung, denn das Leben kann unerträglich schwer gewesen sein, als das Baby noch lebte.

Eltern, die ein Baby durch eine Krankheit verlieren, hatten vielleicht den Wunsch, ihr Kind auf irgendeine Weise auf den kommenden Tod vorzubereiten, ihm Sicherheit, Kraft und Trost zu geben. Obwohl ein so kleines Kind eine Vorbereitung noch nicht verstehen kann, könnten Eltern vielleicht doch irgendwie das Gefühl haben, daß sie ihrem Baby nicht die Hilfe gegeben haben, die es benötigte.

Alle Eltern, die ein Baby verlieren, machen sich über die Zukunft ihres Babys Sorgen. Mehr als andere verwaiste Eltern quälen sie sich vielleicht mit dem Gedanken, wer für ihr Kind „sorgen" wird. Wird es „wachsen"? Drei, vier und fünf Jahre nach dem Tod Ihres Babys, und noch viel später, fragen Sie sich, wie Ihr Baby aussieht, wie groß es ist und wer über es wacht. Das Gefühl der elterlichen Verantwortung, vielleicht am stärksten während der Babyzeit eines Kindes und der Zeit seiner absoluten Hilflosigkeit, dauert nach dem Tod an, und Sie werden Ihren eigenen Ort des Trostes und Ihre eigene Antwort auf diese äußerst schmerzlichen Fragen finden müssen.

Tod durch Selbstmord

Wir bringen ein Kind mit Liebe und Freude zur Welt. Wir ernähren dieses Kind, behüten es, machen uns Sorgen. Wir sind stolz auf alles, was es erreicht, und leiden mit ihm in seinen Mißerfolgen. Wir haben unserem Kind nicht nur das Beste von uns gegeben, sondern auch von der Welt, wie wir sie kennen. Ein Kind zu haben ist immer eine Sache des Vertrauens – des Vertrauens darauf, daß ein gutes, glückliches, lohnendes Leben möglich ist, ein Leben, das lebenswert ist.

Ihre Tochter könnte schon jahrelang Anzeichen von Problemen gezeigt haben. Sie könnten alles Erdenkliche versucht haben, um ihr zu helfen, glücklich zu werden und Lebenswillen zu haben. Sie haben vielleicht professionelle Hilfe gesucht und Medikamente beschafft. Sie könnte viele Jahre vor ihrer Krise Höhen und Tiefen gehabt haben. Sie könnte versucht haben, von zuhause wegzugehen; sie hatte aber vielleicht keinen Erfolg und kehrte zurück. Sie könnte Erfolg gehabt haben und nun weit entfernt von Ihnen leben.

Ihr Sohn könnte immer einen unbekümmerten Eindruck gemacht und das Leben geliebt haben. Probleme schienen sich nicht anzukündigen. Aber ein Bruch mit einer Freundin, ein Mißerfolg in der Schule, sexuelle Probleme, der Verlust einer Arbeit oder Stelle könnte eine plötzliche und schwere Depression ausgelöst haben. Sie mögen sich bewußt gewesen sein, daß Ihr Sohn deprimiert und unglücklich war, oder Sie mögen es nicht gewußt haben.

Sie könnten gesehen haben, daß es Ihrem Kind besser zu gehen schien. Seine Traurigkeit schien geringer zu werden, ja ganz zu verschwinden. Es könnte ruhig, sogar glücklich gewirkt haben. Sie waren dankbar für diesen Fortschritt und fühlten hoffnungsvoll, daß endlich alles gut ging. Sie atmeten tief auf und entspannten sich, und fanden dann heraus, daß der innere Frieden von einem gefaßten Entschluß kam, der später so bitterernst ausgeführt wurde.

Sie könnten Streit mit Ihrer Tochter wegen ihres Benehmens oder ihrer Pläne gehabt haben. Sie mag Ihr Auto zu Schrott gefahren haben, in Schwierigkeiten mit der Polizei geraten sein, vom College geflogen sein oder ein anderes Problem gehabt haben, das ihr unüberwindlich erschien. Sie mag sich gefürchtet haben, Ihnen davon zu erzählen, wußte aber, daß Sie es herausfinden würden. Sie liebte Sie innig und wollte Sie nicht enttäuschen.

Ihr Sohn könnte etwas getan haben, das, wenn es bekannt geworden wäre, eine unerträgliche Erniedrigung für ihn gewesen wäre. Er könnte Gelder veruntreut, eine Liebesaffäre gehabt, Drogen genommen haben. Er könnte die Kritik und Mißbilligung, das Aufsehen oder eine Verurteilung zu einer Gefängnisstrafe gefürchtet haben.

Es gibt unendlich viele Gründe, aus denen unsere Kinder

beschlossen haben könnten, nicht mehr weiterleben zu wollen. Ob Sie fühlen, sie hätten in der Entscheidung Ihres Kindes eine Rolle gespielt oder nicht, Sie fühlen doch eine Art Vertrauensbruch, eine so starke Ablehnung, daß Ihnen der Atem stockt.

Schuld, persönliche Schuld, ist oft die erste und stärkste Empfindung von Eltern von Selbstmördern und kann oft viele Jahre anhalten. Letzten Endes, so folgern wir, sind wir die Eltern. Eltern sollten in der Lage sein, die Dinge für ihre Kinder in Ordnung zu bringen. Das bedeutet es schließlich, Eltern zu sein – imstande zu sein, sein Kind zu beschützen, ihm zu helfen, ihm das Leben schön zu machen, ihm zu geben, was es zum Glücklichsein braucht. Wir brachten die Dinge nicht in Ordnung, wir konnten es nicht, und unser Kind starb. Wir haben unser Kind im Stich gelassen und als Eltern versagt.

Die besonderen Umstände des Todes Ihres Sohnes könnten Ihre Qual noch erhöhen. Er ist vielleicht ohne ein Wort oder ohne eine Nachricht gestorben, und das gibt Ihnen das Gefühl, daß er nicht einmal einen letzten Gedanken mit Ihnen, seinen Eltern, teilen wollte. Er könnte aber auch eine Nachricht voller Schmerz und Anklagen hinterlassen haben.

Ihre Tochter könnte an einem weit entfernten Ort gestorben sein oder im Zimmer nebenan. Wenn sie weit entfernt von Ihnen starb, könnten Sie große Schuld empfinden. Wenn Sie vielleicht in der Nähe gewesen wären, sie an dem letzten Wochenende besucht hätten, an jenem letzten Abend angerufen hätten, hätte sie es vielleicht nicht getan. Wenn sie im Zimmer nebenan starb, könnten Sie den Schuß gehört haben. Sie sind vielleicht als erster dort gewesen und haben einen Anblick vorgefunden, der für immer in Ihr Gehirn geätzt ist.

Ob Sie nun die Todesszene gesehen haben oder sich nur vorstellen, wie es gewesen sein muß, Sie fragen sich, wie er es tun konnte. Woran dachte er in jenen letzten Minuten? Wie fühlte sie sich, als sie die Tabletten schluckte? Wie konnte er das Gewehr an den Kopf halten oder den Stuhl unter sich wegstoßen? Gab es irgendein Bedauern? Diese Fragen müssen für immer unbeantwortet bleiben.

Eltern von Selbstmördern fühlen sich sehr schuldig und verantwortlich, dabei spielt es keine Rolle, wie die Umstände waren. Gegenseitige Beschuldigungen können zwischen den Ehepartnern aufkommen, wie auch unter den Familienmitgliedern. Ein Gefühl von Mißerfolg und Schande ist überall vorhanden.

Sie bemerken vielleicht, daß Sie nicht die gleiche Art von Mitleid, Verständnis und Unterstützung erhalten wie andere verwaiste Eltern. Undeutlich erkennen Sie, daß Sie von anderen gemieden werden, was Ihrem schon furchtbaren Kummer einen weiteren, unnötigen Schmerz hinzufügt. Während der ersten Monate, wenn die Eltern immer wieder die Geschichte vom Tode ihres Kindes wiederholen müssen, um zu verstehen, was geschehen ist, und durch die Wiederholung erkennen, daß ihr Verlust wirklich ist, können die Eltern von Selbstmördern die Geschichte nicht so leicht erzählen und auch nicht die gleiche Unterstützung erfahren. Sie stellen vielleicht fest, daß die Geschichte vom Tode Ihres Kindes andere genauso erschreckt, wie sie auch Sie erschreckt. Andere können das vermeiden; Sie nicht. Ganz im stillen und mit Schmerzen durchleben Sie in Ihrem Herzen die Ereignisse immer wieder von neuem, während Sie sich um eine Art Verständnis und Hinnahme bemühen.

Während alle verwaisten Eltern manchmal fühlen, daß andere sie meiden aus Angst, ihre Tragödie „einzufangen", stellen Eltern von Selbstmördern fest, daß diese Reaktion geradezu üblich ist. Zu dieser Angst kommt ein weiteres Phänomen: Unsere Gesellschaft akzeptiert Selbstmord nicht. Wir neigen alle dazu, Selbstmörder als Versager zu betrachten. In den meisten Gesellschaften wird Selbstmord mißbilligt, und die Eltern von Menschen, die sich das Leben genommen haben, werden ebenfalls mißbilligt.

Hinzu kommt, daß in den USA bis vor kurzem der Versuch, sich das Leben zu nehmen, ein Verbrechen war, für das man in den meisten Staaten eingesperrt werden konnte. Ich finde dies schwer verständlich, da ich mit der Unterscheidung zwischen dem körperlichen und dem seelischen Schmerz Schwierigkeiten habe. Als Nation erkennen wir die Möglichkeit an (oder sind uns wenigstens der damit verbundenen Debatte bewußt), daß man sein Leben beenden kann, wenn man furchtbare körperliche Schmerzen oder eine tödliche Krankheit hat. Wir nennen das Euthanasie („euthanasia" heißt „guter Tod"). Wir erkennen nicht an, daß seelischer Schmerz ebenso stark und schmerzhaft sein kann, daß seelische Bedingungen ebenso schrecklich wie körperliche sein können. Wir nennen den von seelischem Schmerz verursachten Tod „Selbstmord". Mit diesem Wort ist Ablehnung und Schande verbunden.

Sie sind selbst ein Teil dieser Kultur. Sie haben ihr Verhalten und ihre Werte in sich aufgenommen. Sie haben die Verurteilung des Selbstmords in dieser Kultur in sich aufgenommen. Dennoch müssen Sie nach einer Möglichkeit suchen, diese kulturellen Normen mit der Tat Ihres Kindes in Einklang zu bringen. Es gibt Selbsthilfegruppen, die sich besonders auf Familien von Selbstmördern eingestellt haben, an die Sie sich um Hilfe wenden können. Andere Menschen haben schon den schwierigen Weg hinter sich, den auch Sie gehen müssen. Sie werden Ihrer Geschichte mit Anteilnahme zuhören und Ihnen Wärme und Fürsorge anbieten.

Es ist schwer für Sie, sich mit dem Tod Ihres Kindes durch seine eigene Hand abzufinden. Der Gedanke ist schmerzlich, daß Ihr Kind so schrecklich litt, daß es den Tod dem Weiterleben vorzog. Und doch denke ich, daß für Ihr Kind der Selbstmord ein Akt der Stärke war. Es war eine Handlung im Gegensatz zur Passivität. Ihr Kind erhob sich gegen seinen Schmerz und beendete ihn. Ihr Kind hat Frieden, wahrscheinlich mehr als je zuvor. Möge sein Frieden sich ausbreiten und Sie berühren und Ihnen Trost geben.

Gewaltsamer Tod

Frieden zu finden ist besonders schwierig, wenn Ihr Kind gestorben ist, nachdem ein anderer Mensch es gewalttätig behandelt hat. Zusätzlich zu dem schmerzlichen Verlust müssen Sie der Tatsache ins Auge sehen, daß der Tod Ihres Kindes hätte vermieden werden können und daß die mit Absicht begangene Tat eines anderen Menschen die Ursache ist.

Ihr Kind mag schnell getötet worden sein, erschossen oder erstochen. Doch oft kommt das qualvolle Wissen hinzu, daß Ihr Kind geschlagen, gequält, vergewaltigt oder verlassen wurde und langsam starb und daß es vor seinem Tod furchtbar litt.

Der Schrecken des Todes Ihres Kindes hallt in Ihrem Geist Tag und Nacht wider, ohne Ende. Sie müssen vielleicht Ihren Arzt aufsuchen und sich Medikamente verschreiben lassen, damit Sie die ersten Monate überstehen können. Sie benötigen professionelle Hilfe, Unterstützung und Zeit – es dauert lange, bis Sie diesen Tod einigermaßen annehmen können.

Sie brauchen sehr viel Unterstützung, wenn Sie solch unerträglich schmerzlichen Ereignissen gegenüberstehen. Wie andere verwaiste Eltern werden auch Sie Ihre traurige Geschichte immerzu wiederholen müssen, bis die dauernden Wiederholungen Ihren Schock und Ihr Entsetzen abbauen.

Während andere sich Ihnen in aufrichtigem Mitgefühl und Beistand nähern, vermehrt ihr Grauen über das Geschehene oft noch Ihren Schmerz. Sie leben mit dieser Tragödie jeden Augenblick jedes einzelnen Tages. Sie ist immer mit Ihnen verbunden wie mit keinem anderen. Sie haben die Ereignisse, wie Sie sie kennen, immer von neuem wiederholt, sowohl für sich selbst als auch für Menschen, die Ihnen nahestehen.

Doch andere, die von Ihrer Tragödie hören, sind nicht so vertraut mit ihr. Ihre Reaktion ist oft wie Ihre eigene erste Reaktion: Entsetzen und Unglauben. Obwohl wir in diesen leider so gewalttätigen Zeiten durch die Medien jeden Tag vor Verbrechen stehen, versetzt eine unmittelbare Erfahrung wie die Ihre anderen Menschen einen solchen Schock, wie es ein Ereignis in den Nachrichten nicht vermag. Ihre Reaktion kann in Ihnen wieder die unerträgliche Pein der ersten Augenblicke auslösen. Ihre Gesichter spiegeln Ihr Entsetzen, bestätigen und rechtfertigen es.

Wenn auch diese Bestätigung ein Quell der Unterstützung sein kann, stehen viele Eltern den heftigen Reaktionen anderer Menschen oft hilflos gegenüber. Obwohl Sie sich nicht vollständig dagegen schützen können, stellen Sie vielleicht fest, daß Sie die extremsten Reaktionen vermeiden können, wenn Sie weniger Einzelheiten mitteilen.

Unaufhörlich kreisen die Gedanken traurig in Ihrem Kopf. Hinzu kommt, daß Sie vielleicht auch in laufende Untersuchungen und Strafverfolgungen hineingezogen werden müssen. Sie müssen vielleicht in einem Verfahren als Zeuge auftreten. Dabei könnten Ihnen Fragen über Ihr Kind gestellt werden, die schwierig und schmerzlich sind. Ihre Wut, Frustration und Pein werden von diesen Rechtsverfahren beständig geschürt. Wie sehr Sie sich auch anstrengen, die schrecklichen Bilder aus Ihrer Seele zu löschen, Sie werden durch die gesetzliche Überprüfung immer wieder an sie erinnert.

Wenn der Täter nicht gefunden wird, sind Sie vielleicht nicht imstande, Frieden zu finden oder die Suche aufzugeben. Sie könnten über die polizeilichen Untersuchungen ärgerlich werden und empfinden, daß nicht genug getan wird, um den Mörder Ihres Kindes vor Gericht zu bringen. Wenn ein Jahr nach dem anderen ohne Fortschritt in der Suche vergeht, brennt Ihr Zorn noch immer heiß und stark, und Ihr Wunsch nach gerechter Rache lebt unverändert weiter.

Gerichte handeln oft nicht so, wie Sie es für richtig hielten, und Sie könnten Gerechtigkeit selbst dann vermissen, wenn der Täter vor Gericht gebracht wird. Nach langem und quälendem Wiederaufwärmen der Tragödie Ihres Kindes wird der Mörder vielleicht als geisteskrank beurteilt, oder er bekommt eine Strafe, die Ihnen nicht angemessen erscheint.

Eine der schwersten und schmerzlichsten Situationen tritt ein, wenn Sie den Täter persönlich kennen. Ein Elternteil, dessen Kind von seinem besten Freund oder Klassenkameraden, von einem Liebhaber oder Ehepartner oder von einem Nachbarn erschossen wurde, ist von derselben Person betrogen wurden, der er in bezug auf sein Kind vertraute. Einige der schmerzlichsten Morde, mit denen ich es zutun hatte, enthielten folgende Situationen: Ein dreizehnjähriger Junge wird von seinem besten Freund ins Gesicht geschossen; in der Oberstufe erschießt ein Klassenkamerad einen Freund und verscharrt den Leichnam, dann fährt er mit dem Fahrrad des toten Kindes davon; ein betrunkener Ehemann erdrosselt seine Frau aus Wut; ein Mann erschießt einen Jugendlichen aus der Nachbarschaft, weil er seinen „Besitz" betrat. Wir werden mit solchen Vorfällen regelmäßig in den Nachrichten konfrontiert. Doch wir können uns nie und nimmer vorstellen, daß sie auch uns zustoßen können!

Sie sollten sich eines Rechtsbeistandes und einer Rechtsberatung versichern, damit Sie etwas Schutz in dem Gerichtsverfahren haben und gut vertreten werden.

Eltern, die ein Kind durch Gewalt verloren haben, finden es oft sehr schwierig, die Stufen des Trauerns zu durchlaufen. Sie bleiben in ihrem völlig gerechtfertigten Zorn und dem Wunsch nach Vergeltung und Gerechtigkeit „stecken". Diese Gefühle sind vorhanden, ob der Täter bekannt oder unbekannt, bestraft oder nicht bestraft ist. Ihr Kind ist geschändet worden und wegen der Liebe zu diesem Kind sind auch sie geschändet worden.

Obwohl unser Zorn völlig verständlich ist, wird uns mit der Zeit immer mehr bewußt, daß dieser unerbittliche Zorn nicht den Täter verletzt, sondern uns. Wenn das geschieht, möchten oder müssen wir vielleicht Wege suchen, die uns darüber hinausführen.

Wenn uns ein anderer Mensch verletzt, direkt oder durch unser Kind, empfinden wir das als einen großen Frevel – und mit Recht. Wir fühlen uns jedoch auch oft machtlos oder nicht ganz selbstbestimmt. Dieser Täter hat schließlich etwas von uns selbst genommen – unser Selbstbild, unseren Glauben an die „Humanität des Menschen", unsere Überzeugung, daß wir, wenn wir gute Menschen sind, mit Freundlichkeit und

Ehrlichkeit und Gerechtigkeit behandelt werden. Durch das, was unserem Kind widerfahren ist, ist er oder sie in unseren persönlichen Raum eingedrungen, in unseren Körper, unsere Seele.

Gewissermaßen haben wir einen Teil von uns selbst an den Täter verloren, der die Macht besaß, uns diesen unglaublichen Schmerz zuzufügen. Wir trauern um den Verlust unseres Kindes, um die Schändung unseres Kindes und auch um den Verlust der Unversehrtheit unseres Ich. Solange die Macht des Täters über uns anhält – in dem Sinne, daß er oder sie die Fähigkeit besitzt, uns zu verletzen –, werden wir nicht wieder unversehrt sein.

Die meisten von uns können nicht vergeben. Die Verletzung ist tödlich, und Vergebung ist unmöglich. Doch glaube ich, daß wir eine wichtige Aufgabe haben, denn wir haben noch viele Lebensjahre vor uns. Wir müssen dafür sorgen, daß wir in diesen kommenden Jahren Frieden haben können. Irgendwie müssen wir das Stück von uns, das verloren ging, zurückfordern. Wir müssen die Möglichkeit finden, loszulassen und wieder zu einem Ganzen zu werden.

Wir können dies nur tun, indem wir versuchen (ich erkenne die enorme Schwierigkeit dabei), uns von der Gewalttätigkeit durch „Loslassen" zu distanzieren. Etwas unbeschreiblich Schreckliches ist geschehen. Aber es ist Vergangenheit. Unser Kind hat keine Schmerzen mehr, leidet nicht mehr. Unabhängig von unseren persönlichen Glaubensgrundsätzen bezüglich des Jenseits sind die meisten von uns der Auffassung, daß unser Kind Frieden hat. *Wir* sind es, die keinen Frieden haben, und der Schaden, den der Täter angerichtet hat, verletzt nur uns, doch nicht mehr unser Kind. Wir müssen dem Täter die Möglichkeit nehmen, uns weiter zu verletzen.

Auf irgendeine Weise müssen wir die Macht des Täters über uns aufheben. Welche Wege dabei für uns die richtigen sind, ob Religion, Therapie, Meditation oder bestimmte Techniken wie Gedanken-Stop („thought-stopping") und Ersetzung („substitution") oder ein gefühlsmäßiges Distanzieren von dem Ereignis, müssen wir selbst herausfinden.

Erst nach Vollendung dieser großen, doch wesentlichen Aufgabe sind wir imstande, uns an unser Kind so zu erinnern, wie wir es in Erinnerung behalten möchten, mit Liebe, wieder glücklich und unversehrt.

Wenn es kein Grab gibt

Obwohl viele von uns wissen, daß unser Kind nicht „wirklich" auf dem Friedhof ist – wenigstens nicht das Kind, das wir kannten und liebten –, können wir großen Trost durch den Besuch des Grabes, das Pflanzen von Blumen und das Zurücklassen von kleinen Geschenken und Erinnerungsstücken finden. Es gibt einen „Platz" für unser Kind, einen sichtbaren, berührbaren Ort, an dem sein Körper liegt. Wir gehen zu diesem Ort, damit wir „bei" ihm sind; wir können zu ihm sprechen, ihm etwas vorlesen, weinen.

Manche von uns haben jedoch diesen Trost nicht. Der Körper unseres Kindes wurde nie gefunden oder existierte nach dem Unfall nicht mehr. In diesem Wissen liegt ein besonders brennender Schmerz. Manchmal kommt noch als weitere Besorgnis hinzu, daß unser Kind vielleicht vor seinem Tod gelitten hat. Dieses Leiden setzt sich in unserer Seele immer weiter fort, weil es kein Ende gibt, keinen Endpunkt.

Sie fühlen vielleicht, daß Ihr Kind keinen „Frieden hat", daß es für immer im Ungewissen ist, ohne einen Ort, an dem es „sein" kann. Dies ist besonders schwer, wenn Ihr Kind spurlos verschwunden ist. Eine verwaiste Mutter spricht davon, wie entsetzlich es für sie ist, zu wissen, daß ihr Sohn auf See verlorenging und sein Körper nicht gefunden und begraben werden kann. Der Sohn anderer Eltern schlief am Steuer seines Autos ein, krachte gegen einen Baum und verbrannte mit seinem Auto. Es gab keine Überreste.

Eltern, deren Kinder bei Flugzeugunglücken gestorben sind, haben auch oft keine Spur von ihrem Kind. Die Eltern, die ihre Kinder auf dem PanAm-Flug über Lockerbie, Schottland, durch die Bombe eines Terroristen verloren, fanden, daß dieser besondere Schmerz sie vereinte und gründeten eine Selbsthilfegruppe. Sie treffen sich einmal im Jahr an dem Jahrestag des Unglücks an dem Denkmal, das die Universität von Syracuse für ihre Kinder errichtete.

Wie Sie auf diese zusätzliche Belastung reagieren, ist oft eng mit Ihren religiösen und spirituellen Glaubensgrundsätzen verbunden. Sie mögen Trost finden in dem Wissen, daß Ihr Kind „um Sie" ist oder daß „seine Seele frei ist". Sie könnten sich Ihrem Kind näher fühlen, weil es „überall" sein kann und Sie nicht an Ihr Kind denken, als sei es an einem bestimmten Ort.

Viele Menschen möchten nach dem Tod lieber verbrannt als auf herkömmliche Art begraben werden, weil sie die Reinigung durch das Feuer dem natürlichen Verfall der irdischen Überreste vorziehen. Von diesen bitten viele darum, daß ihre Asche verstreut werde, so daß es keinen Ort gibt, an dem sie „sind".

Dies wurde von ihnen entschieden, mögen Sie mit Recht sagen. Doch ich hatte keine Wahl. Ich würde entschieden haben, mein Kind zu begraben. Ich möchte, ich brauche einen Ort, zu dem ich gehen kann, an dem ich fühle, daß mein Kind nahe ist. Ich möchte einen Grabstein, eine Markierung. Ich möchte neben ihm begraben werden, wenn ich sterbe. Warum wurde mir dieser kleine Trost verwehrt?

Wir können vielleicht in diesem Leben das „Warum" nicht erfahren. Doch wir *können* uns helfen und die Erinnerung an unser Kind bewahren. Wir können einen Platz schaffen, an dem es „ist".

Sie kennen die Orte, die Ihr Kind besonders liebte. Einige sind zu öffentlich oder auf andere Weise ungeeignet für Sie. Aber es wird immer einige geben, wenn Sie gründlich nachdenken, die ruhig, einsam und Ihnen leicht zugänglich sind. Die meisten von uns finden Trost in der Natur, und Sie können vielleicht eine besondere Stelle im Freien finden, die für Sie gerade richtig ist.

Dort mag eine Parkbank sein, auf der Sie beide saßen und sich unterhielten, eine ruhige Ecke des Spielplatzes der Schule, eine Stelle am Strand, die er gerne aufsuchte, ein Baum, den er von seinem Fenster aus sehen konnte, ein Teich, um den Sie in der Kälte wenige Wochen vor seinem Tode herumgingen, eine Sackgasse, in der er heimlich Zigaretten rauchte, ein Platz im Zoo, an dem die Tiere frei herumlaufen und nur wenige andere Menschen sind. Es gibt unendlich viele Möglichkeiten.

Sie könnten eine Liste der in Frage kommenden Orte machen und sie sich ansehen. Fühlen Sie dort Frieden? Fühlen Sie die Gegenwart Ihres Kindes im Geist oder in der Erinnerung? Wenn es so ist, dann könnte dies genau der richtige Platz für Sie sein.

Sie wünschen vielleicht, daß dies ein besonderer Ort sei, nur für Sie und Ihr Kind, oder Sie möchten den anderen Elternteil einschließen oder Ihre anderen Kinder. Nehmen Sie sich die Zeit, dies alles zu durchdenken, denn Sie fällen eine wichtige Entscheidung.

Wenn Sie beschlossen haben, daß dies der besondere Ort für Sie ist, der Ort, an dem Sie mit Ihrem Kind „sein" möchten, haben Sie vielleicht den Wunsch, etwas dorthin zu bringen – ein kleines Zeichen für Ihre, und seine, Anwesenheit an dieser Stelle. Stellen Sie es sorgfältig hin, und seien Sie sich darüber klar, daß Sie das vielleicht viele Male tun müssen, ehe es dort sicher ist. Mir hilft es, die Nähe meines Sohnes zu fühlen, wenn ich an einer besonderen Stelle etwas vergrabe, das ihm gehörte oder das hübsch ist. Es könnte etwas so Einfaches sein wie eine Muschel, ein Stein, ein Tannenzapfen, ein Stück Marmor – etwas, das Sie im Geiste mit Ihrem Kind verbinden können.

Dies ist nun Ihr besonderer Ort, an dem Sie bei Ihrem Kind sind. Sein Körper ist zwar nicht dort, aber Ihre Erinnerungen, und ich glaube, daß diese wichtiger sind. Sie werden diese Erinnerungen aufbauen und vergrößern, jedes Mal, wenn Sie dorthin kommen. Vielleicht wird eines Tages etwas ganz Besonderes in Ihrem Leben oder im Leben der Menschen, die Sie lieben, an dieser Stelle geschehen. Und die Gegenwart Ihres Kindes wird bei Ihnen sein und an diesem Augenblick Anteil haben.

Tod des einzigen Kindes

Der Schmerz von Eltern, die ihr einziges Kind verlieren, kommt nicht nur von der Qual des Verlustes eines geliebten Kindes. Er wurzelt auch in ihrem Selbst, denn „Eltern" zu sein war ein wesentlicher Bestandteil ihres Selbstbildes.

Sind Sie noch „Eltern", wenn Sie Ihr einziges Kind verlieren? Sie fühlen, daß Sie es nicht sind, denn ein Teil von Ihnen, der für Sie lebensnotwendig war, ist nicht mehr da. Und gleichzeitig mit dem Trauern um Ihr Kind trauern Sie um den Verlust der „Eltern", die Sie einmal waren.

Elternsein scheint ein natürlicher Teil des Lebens zu sein, besonders wenn Sie es *sind*. Schließlich werden Menschen geboren, wachsen, gebären Kinder und ziehen sie groß, werden alt und sterben. So soll das Leben sein. Doch Ihr Leben ist nicht mehr so. Sie gebaren ein Kind, ein einziges Kind. Sie hatten nur ein Kind, entweder aufgrund einer sorgfältig geplanten Entscheidung oder durch Umstände, die Sie vielleicht nicht gewünscht hatten. Dieses Kind ist nun tot. Sie werden noch alt werden, und Sie werden noch sterben, aber das Gebären und Aufziehen von Kindern ist ein Teil der menschlichen Erfahrung, in die Sie nicht mehr eingeschlossen sind.

Von jeher und für alle Zeit sind unsere Kinder für uns Eltern die Unsterblichkeit, der Teil von uns, der uns überleben wird, der die gleichen Eigenschaften und Veranlagungen wie wir hat und der unsere Werte und Glaubensgrundsätze teilt, die wir ihnen mühsam vermittelt haben. Mit der Zeit, so glauben wir, werden sie auch Kinder haben, und so wird dieser Teil von uns in einer anderen Generation weiterleben. Können Sie das Bild eines entfernten, längst gestorbenen Ahnen anschauen und Ihre eigenen Augen sehen, Ihren eigenen Gesichtsausdruck? Auf dieselbe Weise, das wissen Sie, werden Sie in den Augen und dem Gesichtsausdruck Ihrer Kinder, Enkelkinder und Urenkelkinder fortleben.

Unsere Elternrolle bildet einen Hauptbestandteil unseres Lebens. Insbesondere wenn unsere Kinder noch im Hause sind, sind unsere Tage angefüllt mit Tätigkeiten wie der Organisation von Fahrgemeinschaften für die Kinder, Verbessern der Hausaufgaben, Vorbereitung des Abendessens, Wäschewaschen und Bettenmachen. Wir müssen auch Grenzen setzen, Streitigkeiten wegen des Autos schlichten, den Kindern Manieren beibringen und ein offenes Ohr zu jeder Zeit und allen Gelegenheiten für sie haben. Und das Beste ist, unsere Tage sind auch angefüllt mit Umarmungen und Küssen, Gutenachtgeschichten, einem Gespräch „von Herz zu Herz". Eltern verteilen Liebe, Rat, Sorge und Nahrung an Kinder jeden Alters, fern oder nah. Das *tun* wir. Das *sind* wir.

Unsere Kinder sind der Mittelpunkt unseres Lebens und unseres Selbstbildes. Auch unser Privatleben ist zum großen Teil um unsere Kinder aufgebaut. Wir freunden uns mit den Freunden und Klassenkameraden unserer Kinder an. Wir übernehmen den Kommunionunterricht, weil unser Kind teilnimmt. Elternwochenende am College, Pfadfinder, Schwimmmannschaft, Chor und Basketballmannschaft – alle Aktivitäten unserer Kinder schließen uns und auch andere Eltern mit ein, und so bilden sich Freundschaften, die sich mit denen unserer Kinder vermischen. Wenn wir ein Kind verlieren, können wir auch solche Freundschaften verlieren, denn unser Kind war immer der Grund für ihre Existenz. Wenn wir ein einziges Kind verlieren, könnte es sich herausstellen, daß ein wesentlicher Teil unserer Beziehungen zu anderen Menschen betroffen ist.

Aus diesen und vielen anderen Gründen ist die Aufgabe der Eltern, die ihr einziges Kind verloren haben, besonders schwierig. Wir müssen um den Verlust unseres Kindes trauern, zornig sein, deprimiert und frustriert. Aber wir müssen auch neu bestimmen, wer wir sind. Wir müssen ein neues Leben aufbauen, neue Freundschaften, neue Interessen und Tätigkeiten. Gewissermaßen müssen wir uns neu gestalten, und das ist eine Riesenaufgabe für Eltern, die schon verwundbar, vielleicht unbeweglich und deprimiert sind.

Doch Ihr neues Leben braucht das alte nicht aufzugeben. In einem ganz besonderen Sinne sind Sie noch immer Eltern. Sie lieben Ihr Kind und halten all Ihre Erinnerungen und Andenken in Ehren. Sie müssen sie in das neue Leben, das sich entwickeln wird, einbauen und nicht versuchen, sie zu verleugnen. Sie sind und werden immer Eltern bleiben, es ist ein Teil Ihrer Persönlichkeit.

Sie sind zu dem Menschen, der Sie waren, nicht in einem Tag, einer Woche oder einem Monat geworden. Auch nicht in einem Jahr. Es hat ein Leben lang gedauert, diesen Menschen zu formen. Sie müssen freundlich mit sich sein, wenn Sie mit dem Neuformen beginnen. Vielleicht werden Sie Pfade auskundschaften, von deren Existenz Sie nichts wußten, indem Sie neue Ziele und Vorhaben und Werte definieren. Nehmen Sie sich die Zeit, die Sie dafür brauchen, und seien Sie noch einmal ganz Sie selbst.

Bei dem Versuch zu verstehen, wer ich jetzt bin, nachdem ich ein Kind verloren habe, hat es mir geholfen, daß ich mir den Menschen ins Gedächtnis zurückgerufen habe, der ich war, bevor ich Kinder hatte. Jener Mensch, jenes junge Mädchen, war auch ein Ganzes. Sie war in Ordnung. Sie hatte Lieben und Feindschaften, sie spielte und arbeitete und lachte und sang und weinte. Sie machte sich um viele Dinge große Sorgen und, als größtes Wunder, sie hatte dieselben Werte wie der Mensch, der ich heute bin. Ich bin noch immer jener Mensch, und ich glaube, seine inneren Reichtümer können mir eine Hilfe sein. Dieses Wissen gibt mir irgendwie Kraft und eine besondere Perspektive. Vielleicht könnte es auch Ihnen helfen, wenn Sie in die Vergangenheit zurückgehen, um Ihre Zukunft zu finden.

Tod mehrerer Kinder

„Sie haben Glück", haben Menschen tatsächlich zu mir gesagt. „Sie haben schon ein Kind verloren. Nun brauchen Sie sich nicht mehr so wie ich zu sorgen." Können Sie sich das vorstellen???

Manche Menschen denken wirklich, ein Kind zu verlieren sei das Äußerste, was Eltern zustoßen könne. Einige von uns wissen es besser, denn sie haben mehr als ein Kind verloren. Zweimal, dreimal, manchmal öfter sind wir durch den Schmerz und die Sorge des Verlustes, die langsamen, mühsamen Schritte der Trauer gegangen. Es wird nicht leichter durch Übung, sondern eher schwieriger, schmerzlicher. Die Frage „Warum gerade ich?" überwältigt Eltern, die mehr als ein Kind verlieren.

Jedes Kind ist einmalig und besonders. Unsere Beziehung war zu jedem Kind anders. Und wir trauern um jedes Kind anders.

Manche Eltern verlieren zwei oder mehr Kinder in einem einzigen Vorfall, wie einem Autounfall oder Flugzeugabsturz. In solchen Tragödien sind wir zuerst nicht in der Lage, das ganze Ausmaß unseres Kummers zu verstehen, und viel Zeit und Anstrengung und Geduld sind erforderlich, damit wir überhaupt zu verstehen beginnen, was geschehen ist.

Oft haben Krankheiten eine genetische Ursache, und in einer Familie können mehrere Kinder dieselbe Krankheit in sich tragen. Ein Vater besuchte seine Tochter, die an Zystischer Fibrose starb, in jeder Mittagspause und jeden Abend nach der Arbeit. Er hielt sie in seinen Armen und liebkoste sie, brachte ihr Spielzeug und spielte Spiele mit ihr. Er genoß jeden Augenblick, denn er hatte schon ein Kind durch diese Krankheit verloren und wußte, daß auch dieses nicht mehr lange bei ihm sein würde.

Eine Mutter von zwei Jungen, die an der Tay-Sachs-Krankheit erkrankten, mußte zusehen, wie der erste von Tag zu Tag kränker und schwächer wurde, bis er im Alter von drei oder vier Jahren in ihren Armen starb. Bei dem zweiten, der noch ein Baby war, als sein Bruder starb, wurde diese Krankheit ebenfalls diagnostiziert. Da die Symptome und Probleme den unerbittlichen Verlauf dieser tragischen Krankheit nahmen, sah sie ihr zweites Kind schwächer und kränker werden und kannte die ganze Zeit die folgenden Stadien der Krankheit, die unerbittlich ein paar Jahre später zu seinem Tode führen würde.

Ein anderer Elternteil verlor ein Baby nach dem andern in den letzten Monaten der Schwangerschaft, jedes Mal aus anderen Gründen. In jeder Schwangerschaft stellte sich die fürchterliche Angst ein vor dem, was kommen konnte, so daß es keine Augenblicke der Freude, Vorfreude und Entspannung gab. Jedes Mal trauerte die Mutter um ihr verlorenes Baby, sammelte dann neue Kräfte und versuchte es wieder. Nach vier Schwangerschaften gab sie schließlich auf, weil sie die endlosen Monate des Wartens auf das scheinbar Unvermeidliche nicht mehr ertragen konnte.

Auch Geisteskrankheiten scheinen oft ein bekanntes Muster zu haben, und Eltern können zwei oder mehr Kinder durch Selbstmord, Drogenmißbrauch oder aggressives Auftreten verlieren, das häufig für Kinder ein Risiko darstellt.

Manchmal verlieren wir mehr als ein Kind aus zwei verschiedenen Gründen. Ein verwaister Elternteil verlor ein Kind durch Leukämie und ein anderes Jahre später durch Selbstmord. Ein anderer Elternteil verlor ein Kind durch Abhängigkeit von Kokain und ein zweites durch einen Autounfall. Wieder ein anderer verlor ein Kind durch einen Flugzeugabsturz und ein anderes durch AIDS. Die Zahl der Möglichkeiten ist unendlich groß.

Solange wir Kinder haben, machen wir uns Sorgen, daß auch den Kindern, die wir noch haben, etwas zustößt. Diese Sorge unterscheidet sich von der Sorge anderer Eltern, die kein Kind verloren haben, denn wir wissen, daß es geschehen kann, daß es wirklich ist. Es ist einmal geschehen. Es ist zweimal geschehen. Es kann immer wieder geschehen.

Wenn eine Familie ein Kind verloren hat, verursacht meiner Meinung nach dieser Verlust eine besondere Verwundbarkeit, die andere Familien nicht erfahren. Die überlebenden Kinder kämpfen mit Verlust, Zorn und Schuld und sehen ihre Eltern in Trauer und Gram; sie sind häufig empfänglicher für Depression, Selbstmord, Drogenmißbrauch oder risikobereiter als die allgemeine Bevölkerung. Manchmal scheinen nachfolgende Tode auf diese Weise mit vorangegangenen verbunden. Wir fühlen uns, als ob wir machtlos seien, den Zyklus von Kummer und Verlust und Nichtanpassung bis zu seinem schmerzlichen und tragischen Abschluß aufzuhalten.

Jeder von uns hat einen Teil seiner Zukunft mit dem Verlust eines Kindes verloren, und einen noch größeren Teil mit dem Verlust von mehr als einem Kind. Der Schmerz, die Frustration, der Zorn und die Schuld, die wir fühlen, sind je nach den Umständen bei jedem Verlust anders, aber wir müssen all diese Gefühle und Reaktionen jedes Mal erleben. Noch Jahre nach dem Verlust lösen manche Situationen, Gedanken oder Meinungen eine Erinnerung, einen Schmerz oder ein Gefühl des Kummers für jedes Kind aus. Jedes Leben ist auf tragische Weise und zu früh abgeschnitten.

Manche von uns verlieren vielleicht zwei oder mehr Kinder dicht hintereinander. Bei anderen liegen vielleicht viele Jahre zwischen den Verlusten. Wenn das geschieht, fühlen wir uns vielleicht schuldig, daß wir um das erste Kind nicht mit derselben Intensität und Unmittelbarkeit getrauert haben wie bei dem zweiten oder dritten. Wir haben uns mit den Jahren von diesem Verlust entfernt, damit wir überleben können. Doch der neuere Verlust bringt den alten wieder klar in unser Bewußtsein. Wir haben nicht mehr dieselbe Gefühlsstärke, aber wir fühlen den Schmerz und stellen zweifellos eine Verbindung zwischen den beiden her. Wenn Sie zum Beispiel eine Totgeburt hatten oder ein Kind als Baby verloren, könnte die Inanspruchnahme durch Ihre Familie und die anderen Kinder einen Abstand zwischen der Person, die Sie jetzt sind, und Ihrem Verlust verursacht haben. In Gedanken erinnern Sie sich an das Baby, aber es ist nicht Teil des täglichen Lebens Ihrer Familie. Wenn Sie nun ein anderes Kind verlieren, erinnern Sie sich an den Schmerz, den Sie bei dem Verlust des ersten empfanden.

Ich denke, es ist wichtig, daß Sie beide Verluste fühlen. Sie müssen sich den ersten Verlust wieder vergegenwärtigen, um besser zu verstehen, was Sie zu einem folgenden Verlust bereits mitbringen. In Kapitel 2 haben wir über den Menschen gesprochen, der Sie zum Zeitpunkt des Todes Ihres Kindes sind. Dieser Mensch hat den vorherigen Verlust in das Gefüge seines Seins eingewoben.

Wenn Sie Probleme in Zusammenhang mit dem Verlust Ihres ersten Kindes nicht gelöst oder die Bedeutung dieses Verlustes nicht völlig anerkannt haben, wird dies eine wichtige Rolle für das Verständnis Ihres zweiten Verlustes spielen. Vor Jahren zählte für unsere Gesellschaft der Verlust eines ungeborenen Kindes oder eine Totgeburt nicht mit, noch viel weniger als heute. Sie haben vielleicht wenig Unterstützung und Verständnis gefunden, als Sie versuchten, Ihren Verlust zu akzeptieren und zu verstehen. Dies könnte Sie bewogen haben, den Verlust beiseitezuschieben und zu versuchen, überhaupt nicht mehr daran zu denken, statt Ihre Erlebnisse und Gefühle durchzuarbeiten. Vor Jahren gab es auch noch keine Selbsthilfegruppen, Beratungsdienste oder Bücher, an die Sie sich wenden konnten, und Sie mögen versucht haben, sich so gut wie möglich selbst zu helfen.

Wenn Sie sich in dieser Lage befinden, müssen beide Verluste neu betrachtet werden, während Sie um den Verlust Ihres zweiten Kindes trauern. Heute werden Verlust und Trauer anders bewertet. Es stehen Ihnen viele Hilfsquellen zur Verfügung. Sie brauchen sich nur darum zu bemühen.

Tod des allein erzogenen Kindes

Es gibt viele Ursachen dafür, ein alleinerziehender Elternteil zu sein. Scheidung, Trennung, Tod eines Ehepartners, begründete Entscheidung und geplante oder ungeplante uneheliche Schwangerschaften sind nur einige der üblichen Gründe, aber Ihre Gründe mögen noch andere sein. Ihre Lebensgestaltung ist genauso einmalig. Sie haben vielleicht geheiratet oder wieder geheiratet, leben mit der Familie, mit einem Partner oder einem bestimmten anderen Menschen oder Sie sind allein.

Das Kind, das gestorben ist, hat vielleicht mit Ihnen zusammengelebt, Sie haben das Kind vielleicht im Wechsel mit dem anderen Elternteil bei sich gehabt, oder es hat vorwiegend bei dem anderen Elternteil gelebt.

Ihre Lebensumstände wirken sich stark darauf aus, wie Sie sich zu dem Tod Ihres Kindes in Zusammenhang mit Ihren

Beziehungen verhalten. Da Beziehungen auch den einzelnen Menschen beeinflussen, werden auch Ihre speziellen Glaubensgrundsätze, Charakterzüge und Ansichten von der Welt sie wesentlich beeinflussen.

Kapitel 3 berührte das Alleinsein mit dem Verlust eines Kindes vom Standpunkt der Trennung, nachdem sich die Tragödie ereignet hatte. Doch bei einer Scheidungsrate von ungefähr 50 Prozent landesweit [in den USA] und einer schnell ansteigenden Rate von unehelichen Schwangerschaften erlebten viele von uns den Verlust ihres Kindes als einzelner Elternteil.

Es gibt besondere Umstände im Verlust für alleinerziehende Eltern. Niemand ist da, der den Schmerz und die Last mitträgt, ganz gleich wie unterschiedlich die Menschen trauern. Sie fühlen Schuld und Vorwurf, Verantwortung und Zorn und vielleicht kommt dieser Verlust zu einer älteren, früheren Tragödie hinzu.

Alleinerziehende Eltern, die das Sorgerecht für das Kind hatten, als der Tod sich ereignete, sehen sich einer zusätzlichen Belastung gegenüber. Es ist niemand da, mit dem Sie die Verantwortung teilen können, und niemand, der das Kind genauso vermißt wie Sie. Niemand kann Ihnen bei den schmerzlichen Pflichten wie der Beisetzung, der Entscheidung über die Besitztümer des Kindes und über Ihr Heim helfen. Sie stehen mit dem Geschehenen Ihren anderen Kindern, Ihrer Familie und Ihren Freunden allein gegenüber.

In vielen Fällen bestand die Familie nur aus Ihnen und Ihrem Kind. Der Verlust Ihres Kindes bedeutet für Sie, nun ganz allein zu Hause zu sein, niemanden mehr zu haben, den Sie umsorgen, mit dem Sie sprechen oder etwas gemeinsam tun können. Solch ein Verlust kann besonders zerstörerisch sein, wenn Ihr Leben zum großen Teil auf dieses Kind konzentriert war und es für Sie „ein Grund zu leben" war.

Wenn es einen anderen Elternteil gibt, von dem Sie sich vor einiger Zeit getrennt haben, ergeben sich andere Probleme. Das Kind starb „unter Ihrer Aufsicht". Leicht fühlen Sie sich schuldig und machen sich Vorwürfe, auch wenn Ihr Kind eine schleichende tödliche Krankheit hatte. Sie hatten die Aufsicht über das Kind, als dies geschah, nicht der andere Elternteil.

Wenn Ihr Kind nicht bei Ihnen lebte, ist Ihr Gefühl des Verlustes und Schmerzes vielleicht vermischt mit dem Wissen, daß Sie von Ihrem Kind getrennt und in sein tägliches Leben nicht eingeschlossen waren. Sie „gingen leer aus", und Ihr Kind erreichte vielleicht nicht die Stufe der Unabhängigkeit, auf der es eine innige Beziehung zu Ihnen hätte haben wollen. Sie warteten darauf, daß es „erwachsen werde", und das wird es nie sein.

Wenn beide Elternteile einbezogen sind, und das Kind bei einem Elternteil lebte, wird die Art, in der Sie miteinander umgehen und einander verstehen, bei dieser Tragödie und diesem Verlust ebenfalls von der Vorgeschichte Ihrer Beziehung abhängen. Wenn Sie „freundliche Beziehungen" hatten, könnten Sie zu einer Zusammenarbeit fähig sein, indem Sie Vorkehrungen treffen, einander Mitleid und Unterstützung geben und anerkennen, daß der Verlust Ihnen beiden gleich gehört.

Wenn Sie jedoch keine guten Beziehungen hatten und in Zusammentreffen immer Streitereien, Verstimmungen und ein Tauziehen um die Zuneigung Ihres Kindes aufkamen, wird der Tod Ihre Beziehungen nur noch mehr verschlechtern. Eltern können einander sehr verletzen, wenn sie ein Kind verlieren, und Sie sind vielleicht besonders verwundbar. Sie sollten sich in diesen Situationen die Hilfe und den Beistand eines anderen Menschen sichern. Ihre Eltern, Geschwister, Ihr augenblicklicher Ehepartner, Freunde, Verwandte oder ein Berater oder Therapeut könnten dafür in Frage kommen. Teilen Sie dem Menschen oder den Menschen die Probleme mit und, wenn möglich, lassen Sie sich von ihnen in den Fällen begleiten, wenn Sie fühlen, es könnte Schmerz und Streß geben.

Alleinerziehende Eltern neigen vielleicht mehr zu Depressionen. Sie könnten meinen, daß Sie Ihr ganzes Leben verpfuscht haben: Ihre Ehe oder Liebesbeziehung war nicht erfolgreich oder wurde plötzlich beendet, und jetzt haben Sie auch noch ein Kind verloren. Solche Selbstachtungsprobleme, die uns alle beeinträchtigen, berühren den alleinstehenden Elternteil noch stärker, vielleicht weil Sie aufgrund der gegebenen Situation nicht genug Unterstützung erfahren. Eine schwere, starke Depression über längere Zeit könnte Sie für den Wunsch, Ihr Leben zu beenden, empfänglich machen – Sie stellen sich vor, daß Sie dem Schmerz entkommen, wieder mit Ihrem Kind zusammen sind und sich möglicherweise „rächen" an denen, die Ihnen nicht die Hilfe gaben, die Sie Ihrem Gefühl nach gebraucht hätten.

Alle Eltern, die allein sind, fern von dem anderen Elternteil des Kindes, wenn ihr Kind stirbt, brauchen sehr viel Hilfe. Wenn in Ihrem Leben schon alles an seinem Platz ist, brauchen Sie nur einen Telefonanruf zu machen oder sich an andere zu wenden. Ist nicht alles so wohlgeordnet, so ist dies eine der ersten Angelegenheiten, die Sie in Angriff nehmen müssen. Wir alle brauchen ein Netz an Unterstützung, das uns durch diese unsagbar rauhe Zeit hindurchhilft. Alleinerziehende Eltern, die sich einsam, isoliert oder verlassen fühlen, benötigen es noch mehr.

Vermißte und entführte Kinder

Eltern, deren Kinder vermißt, entführt oder auf unbekannte Weise verschwunden sind, spüren einen Schmerz, der niemals endet, und sind ein Leben lang auf der Suche. Wir suchen nach unserem Kind in jeder Straße, in Bussen und Untergrundbahnen und Zügen und Flugzeugen, in jeder Menschengruppe. Wir glauben seinen Rücken zu sehen und rennen hin, um ihn am Arm zu packen, und finden das Gesicht eines Fremden, das uns fragend anschaut. Wir sehen ihr Kleid in der Ferne, doch an einem Mädchen mit rotbraunen Locken statt mit blonden. Wir reisen in ein anderes Land und suchen in unbekannten Feldern und Straßen und Dörfern. Wir sehen uns jede Nachrichtensendung an, jedes Sonderprogramm, in der Hoffnung, das geliebte Gesicht zu sehen.

Vielleicht beschuldigen wir uns – wegen dieses Augenblicks der Unaufmerksamkeit, als wir die Kleiderstange in dem Geschäft durchsuchten und unser Kleinkind verloren; wegen des

Streits, der dazu führte, daß sie von zuhause weglief, und der jetzt so unsinnig scheint, weil wir ihn mit der Clique herumziehen ließen.

Vielleicht beschuldigen wir unser Land: Die Streitkräfte sollten unsere Kinder beschützen und sich um sie kümmern, sie nicht allein lassen, verirrt und aufgegeben. Jahre sind vergangen. In einigen Fällen sind unsere Kinder „für tot erklärt" worden, aber wir haben dafür keinen Beweis. Wir glauben es nicht, und wir setzen die Suche fort, lange nachdem die offiziellen Stellen sie aufgegeben haben.

In vielen Fällen wissen wir nicht, was geschah. Andere Eltern können fragen: Litt mein Kind? War es verletzt? Schmerzliche Fragen – für *uns* auch noch in der Gegenwart: Ist mein Kind verletzt? Leidet es?

Und dann die Fragen, die uns wichtig sind: Wie kann ich es finden? Was kann ich sonst noch tun? Habe ich an allen Stellen gesucht, die in Frage kamen? Genug Detektive beauftragt? Genug Druck auf die Polizei und das Amt für vermißte Personen gemacht? Wie lange kann sie meiner Meinung nach lebendig sein? Wie lange dauert es, bis ich die Hoffnung aufgebe?

Eltern von vermißten Kindern erlangen nie das Gefühl des Abschlusses, wie schmerzlich er auch sein mag, während es sich bei anderen Eltern, die Kinder verloren haben, einstellen kann. Sie wissen nie genau, ob ihre Kinder wirklich tot sind, denn es gibt für sie keinen schlüssigen Beweis für diese schmerzliche Tatsache. Sie bleiben für immer im Zweifel.

Soll ich akzeptieren, daß meine Tochter tot sein muß? Soll ich aufgeben? „Aufgeben" in diesem Sinne kann sehr leicht einem Verrat gleichkommen. Wenn ich aufgebe, so denken Sie, wer wird sich dann darum kümmern? Wer wird weiter suchen? Doch kann ich ewig suchen? Habe ich die Kraft? Soll ich all ihre Schulbücher aufheben? Oder die Kleidung meines Sohnes? Seine Schwestern teilen sich ein Zimmer, und jede möchte gern ein eigenes Zimmer haben. Soll ich sein Zimmer neu streichen, damit eine Schwester dort einziehen kann?

Kann ich jemals wieder leben? Wieder lächeln? Mich wieder freuen? Wenn sich mein Kind nun verirrt hat, vielleicht verletzt ist, vielleicht leidet? Soll ich mich als einen Elternteil begreifen, der ein Kind verloren hat? Aber vielleicht bin ich es nicht, schreit es auf aus unserer Seele, vielleicht doch nicht.

Gibt es einen Grund, der Sie bewog, dieses Buch zu lesen? Glauben Sie irgendwo tief in Ihrem Herzen, daß Sie Ihr Kind für immer verloren haben? Ich glaube, daß Sie Ihr Kind in Ihrer Seele und in Ihrem Herzen lebendig halten müssen, solange Sie es vermögen, aber daß Sie, wenn es nicht mehr möglich ist, vielleicht auf irgendeine Weise loslassen und um Ihren Verlust trauern müssen. Das ist kein Aufgeben, kein Verrat; es ist ein sehr wirkliches menschliches Bedürfnis. Wir alle müssen unsere Verluste bewältigen, um einen Ort des Friedens zu finden. Wir können den Schmerz und die Hoffnung nicht für immer mit gleicher Intensität fühlen. Irgendwann einmal muß die Intensität nachlassen, und wir müssen uns ausruhen.

Eltern, deren Kind vermißt wird, sind selbst sehr gefährdet. Ihre verzweifelte Suche erschöpft sie und gefährdet sie körperlich und emotional. Das ständige Nebeneinander von Streß, Anspannung, Furcht und Angst und das kleine bißchen Hoffnung, das weiter glimmt, zehren an ihnen und enden nicht. Oft ist professionelle Hilfe und Unterstützung über lange Zeit erforderlich, und möglicherweise muß ganz allmählich eine Art Abschluß und Frieden gesucht werden, während doch gleichzeitig das Quentchen Hoffnung in unseren Herzen für immer weiterleben darf.

Kapitel 9
Spiritualität und Religion:
Den Weg finden

Jeder von uns hat ein eigenes Verständnis von der Frage, warum und wie alle Dinge entstanden sind. Glaube und Religion geben vielen von uns eine Antwort und helfen uns, Ordnung und Gliederung im Universum zu sehen und einen Ort der Hoffnung und des Friedens zu finden.

Jeder von uns hat auch ein Bedürfnis nach einer Verbindung mit etwas Größerem und Bedeutenderem als dem einzelnen Ich. Gemeinsam haben wir alle Anteil an einer Verbindung mit dem Transzendenten.

Bevor wir damit beginnen, über den Einfluß von Spiritualität und Religion auf jeden von uns, der sich mit dem Verlust seines Kindes auseinandersetzen muß, nachzudenken, müssen wir eine gemeinsame Sprache einführen, so daß wir uns verstehen können. Obwohl ich weiß, daß dies eine schwierige Aufgabe ist, würde ich gern einige Definitionen vorschlagen, die vielleicht hilfreich sein können.

„Spiritualität" kann als das allgemeine menschliche Bedürfnis definiert werden, das mit einer Kraft, die über unser einzelnes Selbst hinausgeht, nach einer Verbindung mit dem Transzendenten strebt. Spiritualität versucht, unser einzelnes, menschliches Sein mit der Unendlichkeit des Universums zu verbinden. Für diejenigen, die glauben, daß es eine göttliche Macht, einen Gott, gibt, kann „Spiritualität" eine Beziehung zu jenem Wesen einschließen. Es ist jedoch nicht nötig, ein festes Glaubenssystem zu haben, um „Spiritualität" zu haben. Sie ist etwas, an dem alle Menschen teilhaben.

„Glaube" ist das System von Überzeugungen und Werten in einem Menschen, das den einzelnen mit dem Transzendenten verbindet. Wieder kann dies den Gedanken eines Höchsten Wesens einschließen oder auch nicht.

„Religion" ist eine Gemeinschaftsäußerung des Glaubens, ein gemeinsames System von Überzeugungen und Werten und eine gemeinsame Weltanschauung. Die Religion gibt unserem individuellen System von Überzeugungen eine feste Form und Gestalt und unserer Spiritualität eine Richtung.

Obwohl wir alle an der Spiritualität teilhaben, sind die meisten von uns auch mit einem formalen System von Überzeugungen und Werten aufgewachsen – mit anderen Worten: mit Religion. Als Erwachsene haben wir uns vielleicht fest an die Religion und den Glauben gehalten, in dem wir erzogen wurden. Vielleicht haben wir aber auch unsere früheren Überzeugungen in Frage gestellt und sie geändert oder verbessert oder sogar ganz und gar gewechselt. Vielleicht haben wir uns auch von jedem formalen System getrennt und unseren eigenen persönlichen Glauben entwickelt, unsere Art der Verbindung mit dem Transzendenten.

Was wir auch bis zum Tode unseres Kindes geglaubt hatten, die meisten von uns fanden ihren Glauben und ihre Religion, wenigstens am Anfang, durch den Verlust ihres Kindes sehr erschüttert. Harold Kushners Buch „Wenn guten Menschen Böses widerfährt" erklärt meiner Meinung nach das Problem sehr gut für die Menschen, die an ein Höheres Wesen glauben. Er sagt, viele von uns treten dem Tod ihres Kindes gegenüber und stellen fest, daß das, was sie glauben, nicht zu dem Verlust ihres Kindes zu passen scheint. Wir glauben, daß Gott gut und allmächtig ist. Doch wenn Gott gut und allmächtig ist, wie konnte unser Kind dann sterben? Warum rettete Gott unser Kind nicht? Geschah das, weil Gott nicht nur gut war? Oder nicht allmächtig? Wie können wir uns im Angesicht unseres Verlustes weiter an diese beiden Überzeugungen halten? Manche von uns tun es nicht und verlieren ihren Glauben. Manche finden einen Weg, diese Überzeugungen mit ihrem Verlust in Einklang zu bringen und bleiben gläubig. Und andere, die vielleicht vor dem Tod ihres Kindes eigentlich nicht religiös waren, finden neue Kraft und Hoffnung in der Religion.

Gott „finden", den Glauben „verlieren"

Während einige Eltern in der Lage sind, ihre Religion weiter auf die gleiche Weise wie vor dem Tod ihres Kindes zu praktizieren oder ihren Glaubensgrundsätzen zu folgen, schwanken andere Eltern hin und her, ohne irgendeinen festen Halt. Wir sind uns unseres Glaubens nicht mehr sicher, stellen in Frage, verwerfen, formulieren von neuem, erneuern. Wir wissen (vielleicht), was wir heute glauben. Morgen – sind wir unsicher, und diese Ungewißheit erzeugt ihre eigene Verletzlichkeit.

Jeder Elternteil geht mit diesen Problemen anders um, und das belastet bereits wacklige und überlastete Ehen noch mehr. Es ist nichts Ungewöhnliches, wenn sich ein Elternteil auf der Suche nach Hilfe inbrünstig und ernsthaft der Religion zuwendet und Trost und Stütze dort findet, während der andere Elternteil jede Hilfe ablehnt, den Glauben an Gott, der „dies geschehen ließ", zurückweist und sich vom früheren Glauben und vorherigen Gewohnheiten abwendet. Insbesondere am Anfang ist es sehr wichtig, daß wir uns Freiraum zugestehen und einander anerkennen, ganz gleich wie weit wir in dem Verständnis der Religion oder des Todes unseres Kindes sind.

Viele Eltern sind „zornig auf Gott", weil er ihr Kind „genommen" hat. Dieser Zorn, oder Vorwurf, kann sich darin ausdrücken, daß Sie religiöse Gewohnheiten und den Besuch von Kirche, Synagoge oder Tempel aufgeben. Sie sind sich vielleicht Ihres Zorns bewußt und vermeiden absichtlich jeden Kontakt mit religiösen Institutionen, oder vielleicht halten Sie sich fern oder suchen Entschuldigungen, ohne sich der Gründe völlig bewußt zu sein.

Für einige Eltern ist dieser Zorn nur eine vorübergehende Reaktion. Sie stellen fest, daß Sie nach einiger Zeit und nach und nach zu Ihren religiösen Gewohnheiten und dem Glauben zurückkehren. Für andere scheint der Bruch dauerhaft zu sein. Ich sage „scheint", weil niemand von uns wirklich wissen kann, was uns später auf dem Lebensweg erwartet.

Einige Eltern vermeiden den Bruch mit religiösen Institutionen, sie „tun, was erwartet wird", ohne daß sie jedoch Kraft

oder Trost aus der Befolgung oder Ausübung zu ziehen scheinen. Trotz ihres Zorns fürchten diese Eltern vielleicht, daß ihr
Kind in einer anderen Welt leiden wird, wenn sie die Zeremonien ihres Glaubenssystems vernachlässigen. Es ist besser, dem
Ritual zu folgen, so mögen diese Eltern folgern, „für den Fall",
daß es wichtig ist. Diese Art des „Feilschens" mag Schuld zwar
vermeiden, aber hilft den Eltern spirituell nicht sehr.

Andere Eltern hingegen fühlen sich näher zu Gott, zu religiösen Bräuchen und zum Glauben hingezogen als je zuvor.
Etwas Schreckliches ist geschehen, folgern sie vielleicht. Ich
kann nichts tun, um meinem Kind oder mir zu helfen. Ich kann
nur „aufgeben und es Gott überlassen", und Gott wird mir, und
vielleicht auch meinem Kind, diese Hilfe geben. Die Führung
an Gott abzugeben, kann uns inmitten der Turbulenzen der
Gefühle Trost geben.

Eltern können unmöglich einen triftigen Grund für den Tod
ihres Kindes finden. Dennoch können sie vielleicht Trost in
dem Wissen finden, daß es einen Grund *gibt*, Gottes Grund –
einen Grund, den die Menschen nicht erfahren werden. Das
Akzeptieren eines solchen Glaubens kann den Eltern helfen,
mit der Tragödie, die geschehen ist, zurechtzukommen.

Christliche Eltern finden oft in Jesus eine große Hilfsquelle.
Vielleicht hatten Sie immer eine sehr klare Vorstellung von
Jesus und konnten sich um Kraft und Unterstützung an ihn
wenden. Wenn Ihr Kind stirbt, finden Sie nun Trost im Lesen
und Wiederlesen der Bibelstellen, in denen über Jesu besondere
Sorge und Liebe für die Kinder gesprochen wird. Sie können
sich Ihr Kind vorstellen, wie es neben Jesus im Himmel sitzt,
getröstet, geliebt und beschützt wird. Jesus, der höchste, alles
gebende Vater, hat Ihr Kind in seine besondere Obhut genommen. Das ist ein sehr starker Trost.

Das 18 Monate alte Baby einer verwaisten Mutter erwürgte
sich durch einen unglücklichen Zufall, während die Mutter
glaubte, daß es friedlich in seinem Kinderbettchen schlafe. Sie
war verzweifelt in ihrem Kummer und sorgte sich um ihr Baby.
„Wer wird für es sorgen?" rief sie aus, „Wer wird für es sorgen?"
Sie wandte sich bald der Bibel zu und suchte Abschnitte über

Jesus und die Kinder heraus. Sie las sie immer wieder, strich sie an, lernte sie sogar auswendig.

Sie suchte nach Verbindungen zwischen ihrem Baby und Jesus, damit sie beruhigt sein konnte, daß es liebevoll umsorgt werde. Das Kind war an einem Karfreitag, dem Todestag von Jesus, gestorben. Dies schuf eine enge Verbindung zwischen ihnen. Dann erinnerte sie sich daran, daß ihr Baby bei der Geburt nicht geatmet hatte und von ihrem Arzt wiederbelebt worden war. Deshalb hatte sie immer geglaubt, daß dieses Kind ein besonderes Geschenk von Gott für sie war. Als es starb, fühlte sie, daß sie dieses Geschenk nur für eine begrenzte Zeit bekommen hatte. Jesus war es vielleicht schwer gefallen, sich von einem so wunderbaren Kind zu trennen, dachte sie. Jesus nahm es wieder zu sich, weil es ein so besonderes Kind war. Als sie diese spezielle Verbindung zu Jesus gefunden hatte, fiel es ihr leicht, sich den Himmel vorzustellen und Jesus auf dem himmlischen Thron und das Kind neben ihm.

Ich nannte mein Kind Daniel, weil ich den Namen liebte, aber auch wegen der biblischen Geschichte von Daniel in der Löwengrube, die mir immer als etwas Besonderes erschienen war. Als ich mein Kind verlor, suchte ich nach einer Verbindung zu ihm über seinen Namen. Das Buch Daniel gehört nicht zu den fünf Büchern des Pentateuch, und ich hatte es noch nie gelesen. Doch bald nachdem ich mein Kind verloren hatte, begann ich es zu lesen. Ich erfuhr, daß der biblische Daniel Ideale und Einsichten gehabt hatte, daß er prophezeit und einen starken und wunderbaren Geist gehabt hatte. Ich fühlte, daß der Daniel, nach dem ich mein Kind genannt hatte, ein besonderer Vermittler sein und mir helfen könnte, eine Verbindung zu meinem Daniel herzustellen. Später hörte ich von der Theorie, daß Eltern die Namen ihrer Kinder nicht zufällig auswählen, auch wenn sie es vielleicht glauben. Es gibt einen Grund, warum jedes Kind einen besonderen Namen erhält. Ich fand Trost in der Überzeugung, daß es einen „besonderen" Grund gegeben hatte, aus dem ich meinem Sohn den Namen Daniel gegeben hatte. Vielleicht sollte er eine Verbindung zwischen uns ermöglichen, die über den Tod hinausgehen konnte.

Ein anderer Elternteil findet Trost in der religiösen Vorstellung des „Schutzengels". Schutzengel sitzen auf den Schultern und überwachen und schützen jeden einzelnen Menschen. Wie weit verbreitet diese Vorstellung ist, zeigt sich in der Beliebtheit von Engel-Anstecknadeln, Büchern über Engel und Bildern von Engeln, die uns überall umgeben. Die Mutter glaubt, daß ihr geliebtes Kind jetzt, nachdem es gestorben ist, ein Engel geworden ist. Da sie und ihr Kind einander sehr liebten, fühlt sie, daß der Geist ihres Kindes über sie wacht – ja, daß ihr Kind ihr Schutzengel ist.

Wenn wir diesen Glauben teilen, sollen uns diese Bilder helfen. Es macht nichts, daß so viele Kinder gestorben sind – ein Höchstes Wesen ist imstande, jedes einzelne an seiner Seite zu haben.

Eine sehr wichtige Quelle der Hilfe und Unterstützung sind unsere religiösen Institutionen. Die seelsorgerische Beratung kann vielen verwaisten Eltern helfen, indem sie einen vertraulichen, angenehmen und verständnisvollen Ort schafft, zu dem die Eltern mit ihren Ängsten, Zweifeln, Sorgen und ihrem Kummer gehen können. Geistliche haben meistens viel Erfahrung mit Verlusten und können die Hinterbliebenen trösten.

Die Verbindung suchen

Ob wir uns der Religion zuwenden oder uns von ihr abwenden, wir alle haben mit dem Verlust unseres Kindes ein dringenderes Bedürfnis nach einer Verbindung zu dem Transzendenten.

Die meisten von uns beginnen unmittelbar nach dem Tod ihres Kindes mit der Suche nach einer Verbindung zu ihrem Kind. Wir müssen eine Möglichkeit finden, mit ihm in Verbindung zu treten, zu wissen, daß es irgendwie „da" ist. Besonders wenn wir unser Kind durch einen schmerzensreichen oder gewalttätigen Tod verloren haben, müssen wir wissen, daß es „in Ordnung" ist, und das können wir irgendwie nur „durch" unser Kind erfahren.

Wir suchen überall nach „Zeichen", aber in den ersten Monaten sind nur wenige von uns imstande zu finden, was sie suchen. Diese Unfähigkeit, unser geliebtes Kind zu „erreichen", verursacht zusätzlichen Schmerz. Bereits von Schuld und Zorn und Kummer überladen, fragen wir uns, ob wir nicht wissen, *wie* wir unser Kind erreichen können – ob wir es nicht „richtig" machen, so als ob wir irgendwie unser Kind nicht „richtig" gern hätten.

Wenn es Ihnen so scheint, als ob Sie keine Möglichkeit fänden, mit Ihrem Kind in Verbindung zu treten, ist es für Sie besonders schmerzlich, mit anderen verwaisten Eltern zu sprechen, die diese Verbindung herstellen konnten. Sie fragen sich, was diese anderen Eltern getan haben, das Sie nicht tun können. „Warum, ach warum", quälen Sie sich, „bekam sie ein Zeichen und ich nicht? Liebt mein Kind mich nicht? Möchte es nicht mit mir in Verbindung treten? Leidet es irgendwie Schmerzen und kann sich nicht mit mir in Verbindung setzen?"

Ich glaube, daß jeder von uns einen Weg zu dem inneren Frieden finden kann, der von einer starken Verbindung zu unserem toten Kind kommt. Doch glaube ich, daß wir zuerst bereit sein müssen, diese Verbindung aufzubauen, und fähig sein müssen, ihre besondere Form zu erkennen.

In den ersten Trauermonaten sind wir eingekapselt, wie Sie wissen. Dies ist ein natürlicher Schutz, den unser Körper und Geist uns geben, um uns von dem unerträglichen Schmerz abzuschirmen, den wir erleiden, wenn unser Kind stirbt. Auch nach geraumer Zeit empfinden wir vielleicht noch bitteren Kummer. Wenn wir unsere ganze Energie, unsere ganze Kraft und unseren ganzen Willen dem Trauern hingeben, wie wir es natürlich am Anfang tun müssen, bleibt uns nichts, mit dem wir eine Verbindung herstellen können. Nur von einem Ort aus, an dem Frieden und Aufnahmebereitschaft existieren, kann eine Verbindung mit dem Transzendenten hergestellt werden, das nun unser Kind irgendwie mit einschließt.

Ich glaube, daß dieses Bedürfnis nach einer Verbindung zu unserem Kind ein generelles Bedürfnis ist. Doch weiß ich auch, daß wir auf dieses Bedürfnis unterschiedlich antworten. Einige Eltern zeigen ihre Sehnsucht offen und quälend. Sie erbitten Hilfe von Priestern und Gurus. Sie versuchen es mit transzendentaler Meditation und Kontaktaufnahme zu Menschen, die vor langer Zeit gelebt haben („channeling"), suchen ein Medium auf oder nehmen Kurse in Engelskunde. Andere Eltern sehnen sich im stillen und geheimen, lassen keinen anderen Menschen daran teilnehmen, denn sie wollen glauben, daß diese Verbindung möglich ist, aber gleichzeitig haben sie Angst, es zu glauben, weil sie fürchten, daß es niemals eintreten wird.

Es ist möglich. Sie müssen es nur zulassen.

Offenheit für alles Sein

Um diese Verbindung herstellen zu können, müssen Sie einen besonderen geistigen und emotionalen Ort erreichen. Jeder von uns reist auf einer anderen Straße, um zu diesem Ort zu kommen, denn jeder von uns ist ein anderer Mensch.

Am besten kann ich dies als einen Zustand von Offenheit und Bewußtheit beschreiben. Sie sind sich Ihrer selbst in der Welt bewußt, Sie sind sich Ihrer Umgebung bewußt und sehen sie mit besonderer Klarheit und Helligkeit. Sie sehen die Welt scharf und klar, doch Sie sind sich gleichzeitig der Grenzen Ihrer Sicht bewußt. Sie *wissen*, daß es eine ganz andere Daseinsform gibt, wissen es mit derselben Sicherheit und Klarheit, mit der Sie die Dinge in der Welt sehen.

Durch dieses ausgeprägte Bewußtsein, daß eine andere unsichtbare Seinsform um und in und durch alles existiert, erkennen Sie, daß die Verbindung, nach der Sie suchen, durch *alles* um Sie herum in Ihre Gegenwart, in Ihr Bewußtsein kommen kann – durch Ihr Herz und Ihre Seele, Ihre Sinne, Ihre Intuition. Sie kann in jeder Gestalt zu Ihnen kommen. Sie kann zu jeder Zeit zu Ihnen kommen. Sie sind offen, bewußt und bereit.

Vielleicht kommt sie nicht so schnell zu Ihnen. Doch sie wird kommen – und Sie werden die Verbindung mit Ihrem Kind augenblicklich erkennen!

Ich erinnere mich deutlich an den Augenblick, in dem mir dies bewußt und ich dafür offen wurde. Wie viele von uns stellte auch ich fest, daß ich Frieden und Harmonie und Schönheit, die ich so dringend brauchte, vor allem in der Natur finden konnte. Irgendwie konnte ich mich in die Weite draußen „verwurzeln". Ich kam zu der Überzeugung, daß für mich der Weg zu einer Verbindung durch das Nachdenken über die Einheit des Universums kommen mußte – einer Einheit, die sowohl mein Kind und andere, die vor ihm gestorben waren, als auch mich und meine lebende Familie und Freunde enthielt.

Auch vor dem Tod meines Kindes war ich immer sehr empfänglich für die Schönheit der Natur. Ich habe mich immer gefragt, ob die Farben der Erde – Blau, Grün und Braun – besonders angenehm für uns Menschen seien, weil es so sein sollte, oder ob sie einfach da und uns vertraut seien, und wir sie deshalb mochten. Ich liebte es, verschiedene Farbtöne zu entdecken – wieviele Grüntöne kennen Sie?

Es schien ganz natürlich, daß ich mich nach dem Tod meines Kindes der Natur zuwandte. Dort schienen Bäume und Erde und Himmel und Wasser Bedeutung zu haben. Nach einiger Zeit fand ich heraus, daß diese Bedeutung in ihrer Verbindung zur Ewigkeit lag. Alles entstand, lebte und starb. Die Natur kehrte zu sich zurück, und dann begann der Zyklus von neuem, und aus dem Totsein entstand neues Leben. Ich erinnere mich daran, wie ich erkannte, daß die Physiker Recht hatten – nichts konnte geschaffen oder zerstört werden.

Ich kam zu der Überzeugung, daß der ewige Teil von uns, den ich Seele nenne, ebenso weder geschaffen noch zerstört werden konnte, denn sie gehörte zu dieser Ganzheit der Natur. Die Seelen waren ein Teil von allem, und alles war ein Teil von ihnen. Ich war ein Teil der Ewigkeit in derselben Weise wie mein Kind; in derselben Weise wie diese Bäume, diese Vögel, diese Eichhörnchen und diese alten Holzscheite. Und ich machte meine Augen weit auf und war zum Sehen bereit.

Ihre Erfahrung mag vollständig anders sein als meine. Sie erreichen vielleicht diesen Zustand während eines Gebetes oder in Verbindung mit Gott, in einem Augenblick der Meditation, während Sie am Eßtisch auf Ihre Lieben blicken, beim Anhören von Musik oder auf irgendeine andere Art und an einem der Millionen möglichen Plätze.

Doch wenn Sie diesen Zustand erreichen, werden Sie es wissen.

Zeichen zeigen sich

Wenn Sie offen, bereit und bewußt sind, brauchen Sie nur auf die Verbindung, die Sie suchen, zu warten, denn sie wird bestimmt kommen.

Schmetterlinge sind ein besonderes Symbol für verwaiste Eltern. Wir denken, daß unser Kind, befreit von den Fesseln des irdischen Lebens, frei und hübsch wie ein Schmetterling wird. Einige von uns finden eine Verbindung zu ihrem Kind durch einen besonderen Augenblick, in dem plötzlich wie aus dem Nichts ein Schmetterling erschien, der sie an seiner Schönheit und Zerbrechlichkeit teilhaben ließ. Obwohl ich gewöhnlich nicht über Schmetterlinge Verbindung zu meinem Kind hatte, geschah es jedoch wenigstens einmal. Ich befand mich auf der Spitze eines Berges, und von der Ruine eines antiken Tempels blickte ich auf das außergewöhnliche Blau des Ägäischen Meeres hinunter. Die Sonne schien, und ich wünschte mir mit aller Kraft, daß mein Sohn hier bei mir sein könne. Es schien, als ob ich seine Gegenwart und die Freude fühlen könne, die er an diesem wunderschönen Ort gefühlt hätte. Ich schaute hinunter und sah einen kleinen, makellosen, gelben Schmetterling auf einem kleinen Busch. Er würde einen gelben schicken – er wußte, daß es meine Lieblingsfarbe war. Er hatte mir immer gelbe Dinge geschenkt.

Oft fühlen wir eine Verbindung zu unserem Kind durch einen Regenbogen. Es gibt Augenblicke, in denen der Anblick eines Regenbogens uns unserem Kind näher zu bringen scheint. Wir sind an einem Ende des Regenbogens, unser Kind an dem anderen.

Engel sind auch oft etwas Besonderes für verwaiste Eltern. Wir stellen uns gern vor, daß unser Kind ein Engel im Himmel ist, und suchen nach Engelbildern, Anstecknadeln, Keramikstatuen und Weihnachtsschmuck, die wie unser Kind „aussehen". Manchmal scheinen wir die Verbindung unseres Kindes mit der kleinen Figur in unserer Hand deutlich zu fühlen.

Dieses sind einige der verbreiteten Symbole. Doch diejenigen, die eine besondere Bedeutung für Sie haben mögen, sind wahrscheinlich irgendwie besonders mit Ihrem Kind verbunden. So eines ist für mich die Zahl 32. Ich weiß, daß es die Zahl vieler berühmter Sportler ist, aber es macht nichts, für mich ist sie etwas Besonderes, weil sie die Football-Nummer meines Sohnes war. Er liebte diese Zahl so sehr, daß er sie auf seiner Zahnspange eingravieren ließ, zum großen Vergnügen seines Zahnarztes. Es kommt mir vor, als ob die Zahl 32 in meinem Leben unglaublich häufig zu besonderen Anlässen auftauche.

Meine Töchter, mein Mann und ich machten auf dem Tahoe-See mit der „MS Dixie", einem Heckraddampfer, eine kleine Bootsfahrt. Ehe wir an Bord gingen, machte ein Fotograf Aufnahmen von uns; wir standen hinter einem Schild, das den Namen des Bootes trug. Es war ein schwerer Augenblick für mich, denn ich erinnerte mich daran, daß unsere Familie vor Jahren einen Ausflug mit der „Mississippi Queen" gemacht hatte. Damals freuten wir uns alle auf unsere erste Bootsfahrt und wurden beim Einsteigen genauso fotografiert wie jetzt auf der „Dixie". Während der zweistündigen Fahrt dachte ich an Daniel und war traurig. Die Schönheit des Sees umgab mich mit Frieden, aber mein Herz war bei meinem toten Kind. Ich wünschte mir von ganzem Herzen, daß er hier bei uns wäre. Damals war das Leben wunderbar. Es würde nie wieder so wunderbar sein, jetzt, da er gegangen war.

Als wir das Boot verließen, rief der Fotograf den Passagieren zu, sie sollten sich die Bilder ansehen. Hundert Fotos steckten ordentlich in numerierten Taschen, so daß der Fotograf sie leicht finden konnte. Einhundert Fotografien in geordneten Reihen. Unser Familienfoto schien durch die Plastiktüte mit der Nummer 32.

Ein anderer besonderer Augenblick der Verbindung mit meinem Sohn kam mit der Geburt meines ersten Enkelsohnes, der sieben Monate nach dem Tod unseres Sohnes geboren wurde. Während der ganzen Schwangerschaft meiner Tochter hatte ich gebetet. „Bitte, bitte sende mir ein Zeichen", hatte ich ihn angefleht, „laß mich wissen, daß du eine Verbindung zu diesem Baby hast. Laß mich wissen, daß es ein Vorher und Nachher gibt."

Besorgt, daß er ein Zeichen senden und ich es nicht erkennen würde, veränderte ich in den letzten Wochen meine Bitte. „Bitte, sende mir ein so deutliches Zeichen, daß ich es nicht übersehen kann. Ich fürchte so sehr, es zu übersehen. Du mußt es wirklich deutlich machen", bat ich inständig.

Ich erzählte niemandem von meinem Gebet. Ich war so besorgt, daß es sich nicht erfüllen würde! Doch als mein Schwiegersohn mich am Flughafen abholte, war er ganz aufgeregt.

„Weißt du was?" sagte er. „Das Baby hat ein kleines rotes Herz mitten auf der Stirn! Es ist ein kleines Muttermal in der Form eines Herzens. Es ist wirklich niedlich!"

Mein Sohn hatte mich gehört. Er hatte mir ein Zeichen gesandt. Er wollte nicht, daß sein Neffe mit einem roten Herzen auf der Stirn aufwachse, daher verblaßte es nach etwa einem Monat. Aber ich habe Bilder!

Dieses sind einige sehr offensichtliche Zeichen der Verbindung, die ich bekam. Es waren noch sehr viel mehr. Und viele verwaiste Eltern haben ähnliche Geschichten – Berichte vom „Wissen", ohne jeden Zweifel, daß es ihrem Kind gut gehe. Manchmal erscheinen sie in Träumen. Manchmal fühlen Sie eine körperliche Gegenwart – eine Berührung Ihrer Wange oder Ihrer Hand. Manchmal riechen Sie den besonderen Duft Ihres Kindes in der Luft. Manchmal ist es ein Zeichen, das Sie, nur Sie allein, erkennen.

Ihr Weg ist der richtige

Ich kann Ihnen nur von meinen Erfahrungen berichten. Ihre eigenen mögen ganz anders sein. Sie finden vielleicht Bedeutung und Verbindung überall um sich herum. Nur Sie kennen den Pfad, den Sie wählen müssen.

Meistens ist der Augenblick der Verbindung sehr persönlich – nur Sie nehmen ihn wahr. Obwohl ich Ihnen mehrere klare, konkrete Erlebnisse mitgeteilt habe, waren die meisten auch persönlich und heimlich und nur für mich etwas Besonderes. Niemand anders kennt sie, es sei denn, ich hätte sie jemandem bewußt mitgeteilt.

Mit der Zeit wird Ihnen klar werden, welchen Pfad Sie gehen. Es ist Ihr eigener. Er ist richtig für Sie. Niemand hatte die gleiche Beziehung zu Ihrem Kind wie Sie, und niemand kann auf Ihrem Pfad gehen. Auch wenn Ihnen dies manchmal einsam erscheinen mag, sollten Sie sich immer daran erinnern, daß Ihr Kind da ist, im Geiste neben Ihnen, und darauf wartet, daß Sie bereit sind, sich ihm zuzuwenden.

Wenn Ihr Pfad auf Gott zuführt, mit ihm und durch ihn, werden Sie nie allein sein, denn es wird immer eine Gegenwart neben Ihnen sein, wenn Sie sich nach dem Unbekannten ausstrecken, dem Ort Ihres Kindes. Dieser Ort ist Gott bekannt, und Gott wird Sie in Mitleid und Liebe sicher dorthin geleiten. Wenn Sie den Pfad der Religion wählen, finden Sie vielleicht Wegweiser entlang des Weges, die Ihnen helfen werden. Sie werden sie in Ihrem Glauben finden und durch diesen Glauben mit Ihrem Kind vereint sein.

Wenn Ihr Pfad Sie direkt auf eine Verbindung mit der Spiritualität zuführt, werden Sie die Stärke und Kraft der Verbindung mit dem Transzendenten spüren. Sie werden den Verlauf Ihres Pfades nach Ihren eigenen Glaubensgrundsätzen und Erfahrungen formen und in ihm die ganze Schönheit und Fülle dieser einmalig menschlichen Erfahrung finden.

Einer meiner Lieblingsphilosophen, Sören Kierkegaard, schreibt, daß der wichtige Augenblick nicht das Wählen zwischen dem richtigen und dem falschen Weg sei. Wir könnten schließlich Fehler machen, da wir Menschen seien. Der wichtige Augenblick sei der, in dem wir die persönliche Verantwortung und Möglichkeit akzeptierten, ein „Auswähler" des Pfades „zu sein". Nur Sie können die Entscheidung treffen, ob Sie ein Auswähler sein wollen. Der Pfad, den Sie wählen, wird dann notwendigerweise immer der richtige für Sie sein.

Kapitel 10
Annehmen und Weitermachen: Zukunft beginnt, wo die Zeit stillsteht

Während ich das letzte Kapitel anfange, wiederholt die gedämpfte Stimme des Fernsehsprechers im Nebenzimmer die Nachricht vom tragischen Absturz des Flugzeuges des TWA-Fluges 800 nach Paris mit 229 Passagieren an Bord. Mein ganzes Herz und meine ganze Seele sind bei den Familien und Freunden der Passagiere.

Ein Interview mit dem Direktor der Pennsylvania High School wird gesendet. Sechzehn Schüler und ihre Betreuer vom Französisch-Club der Schule, unterwegs zur Vertiefung ihrer Sprachkenntnisse in Paris, waren in dem Flugzeug. Die Eltern reisten mitten in der Nacht im Bus zu dem Ort des Schreckens, der sie in Moriches Inlet vor Long Island erwartete.

Ihr Schock, ihr Zweifel und ihre Qual und die vom Fernsehen ausgestrahlten Bilder der in Säcke gehüllten Körper, die sie dort erwarten, zerren an mir, weil sie die unglaubliche Pein der ersten Tage nach dem Tod meines Kindes wachrufen. Ich sehe die zerrissenen Flugzeugteile, die aus dem Wasser gezogen werden, eines nach dem anderen, und ich fühle mich, als sei mein ganzes Ich, Körper und Seele und Herz, genauso wie das Flugzeug in Stücke gerissen worden. Ich kann den ungeheuren körperlichen Schmerz jener ersten Augenblicke und Stunden und Tage des Verlustes fühlen. Ich kann das riesige, pechschwarze Loch für sie fühlen, die Kluft zwischen Vergangenheit und Zukunft – einer Vergangenheit, die mit Leben und Erinnerungen gefüllt ist; einer Zukunft, die unvorstellbar und unbekannt ist.

Mein Herz ist mit meinem ganzen Einfühlungsvermögen und Mitleid bei ihnen. Ich kenne die Straße, die sie gehen müssen, denn ich bin auch dort gewesen.

Doch ich weiß auch mit Gewißheit, daß ich dort nicht mehr bin, an jenem Ort, an dem die Zeit stillsteht. Ich bin im fünften Jahr dieser unvorstellbaren und unbekannten Zukunft, und ich weiß, daß die Zeit nicht stillsteht und nicht stillstand, obgleich ich es so sehr wünschte. Ich weiß, wo ich jetzt bin.

Die Zeit ist vergangen, und das Leben ist unerbittlich weitergegangen, und ich habe jetzt neue Erinnerungen – Erinnerungen an das Leben nach dem Verlust meines Kindes. Einige sind traurig, bitter und zornig. Doch andere sind auch gut. Sie stehen als Puffer zwischen dem Menschen, der ich jetzt bin, und dem Menschen, der damals dem Tod seines Kindes begegnete. Ich weiß, daß diese jüngsten Brüder und Schwestern in der Trauer auch dort stehen werden, wo ich jetzt bin, irgendwann in der fernen Zukunft, an einem Ort jenseits ihrer Vorstellungskraft.

Die ersten Jahre

Auch Sie haben Erinnerungen. Langsam, Tag für Tag, bauen sie sich auf. Auch Sie bauen auf. Sie bauen den neuen Menschen auf, der Sie werden – ein Mensch, der ganz anders ist als der lachende, fröhliche, der Sie vielleicht waren. Ein stärkerer, weiserer, traurigerer Mensch, doch auch einer, der mehr Einfühlungsvermögen, Liebe und Verständnis besitzt.

Am Anfang verhindern der Schock und die Erstarrung des Schmerzes, daß wir an uns selbst denken. Dann kommt die Qual des verzweifelten Kummers und der „Wenn doch nur"-Formulierungen von Schuld und Vorwurf. Wir vermissen unser Kind sehr stark.

Doch an einem Punkt wird uns klar, daß wir nicht nur um unser Kind trauern, sondern auch um uns. Unser Kind ist gestorben, aber gewissermaßen sind auch wir gestorben. Und unser Leben, wie wir es kannten. Über Jahre arbeiteten und planten wir sorgfältig, um uns ein Leben nach unserem Geschmack aufzubauen. Wir sind vielleicht mit unserem Bemühen einigermaßen erfolgreich gewesen. Nun haben wir alles verloren. Wohin gehen wir von hier aus?

Als meine Kinder noch klein waren, begann ich damit, ihnen immer wieder ein Gedicht von Rudyard Kipling vorzulesen, das ich sehr liebe. Es erschien mir als einer der besten Ratschläge, die ich ihnen geben konnte. Ich schließe es hier ein, weil es mich immer noch begeistert. (Nachsicht, Feministinnen – er lebte in einer anderen Zeit!)

Wenn

Wenn du den Kopf behalten kannst, während alle um dich her
    ihren verlieren und es auf dich schieben,
wenn du dir vertrauen kannst, während alle an dir zweifeln,
    und du dabei auch ihre Zweifel verstehst;
wenn du warten kannst und nicht vom Warten ermüdest, oder
    belogen wirst und nicht zur Lüge greifst,
gehaßt wirst, ohne dich dem Haß hinzugeben, dabei nicht zu
    milde dreinblickst noch zu klug redest:
Wenn du träumen kannst – ohne Träume zu deinem Herrn zu
    machen;
wenn du denken kannst – ohne Gedanken zu deinem Ziel zu
    machen;
wenn du Triumph und Katastrophe begegnen kannst und diese
    beiden Hochstapler gleich behandelst;
wenn du es ertragen kannst, die Wahrheit, die du gesagt hast,
    von Schuften verdreht zu hören, um eine Falle für Toren daraus zu machen,
oder die Dinge zerbrochen zu sehen, denen du dein Leben gegeben hast, und dich zu bücken und sie mit abgenutztem
    Werkzeug wieder aufzubauen:

Wenn du einen Stapel aus deinen Gewinnen machen und sie
    auf ein Mal, alles oder nichts, riskieren kannst,
und verlieren und wieder beim Anfang anfangen und nie auch
    nur ein Wort über deinen Verlust sagst;
wenn du dein Herz, Nerv und Sehnen zwingen kannst, dir zu
    gehorchen, wenn es sie längst nicht mehr gibt,

und so durchzuhalten, wenn nichts mehr in dir ist außer dem
Willen, der ihnen sagt: „Haltet durch!"

Wenn du mit Mengen reden kannst, ohne die Tugend zu verlieren, oder neben Königen gehen kannst – doch den *com-
mon touch* nicht verlierst,
wenn dich weder Feinde noch liebevolle Freunde verletzen
können, wenn alle auf dich zählen, aber keiner zu sehr;
wenn du die erbarmungslosen Minuten füllen kannst mit sech-
zig vollen Sekunden eines Langstreckenlaufs,
gehört dir die Erde und alles, was darauf ist, und – was mehr ist
– du wirst ein Mann sein, mein Sohn!
(Rudyard Kipling: *Die Ballade von Ost und West, Ausgewählte
Gedichte*, Zürich 1992)

Rudyard Kipling schrieb dieses Gedicht für seinen geliebten
Sohn und las es ihm oft vor, um ihm die Werte zu vermitteln,
die es ausdrückt. Der Sohn war sechzehn, als England in den
Krieg eintrat, und wollte zur Armee gehen. Da er noch zu jung
war, benötigte er die Zustimmung seines Vaters. Trotz seiner
Vorbehalte und Bedenken erteilte Kipling ihm die Erlaubnis
und unterzeichnete die notwendigen Papiere. Sein Sohn starb
in diesem Krieg.

Ja, ein Rat für Kinder, aber auch für uns, glaube ich.

Ja, wir haben verloren und müssen ganz von vorn beginnen.
Ja, wir sind erschöpft und haben Schmerzen, und unsere Werk-
zeuge sind nicht nur verbraucht, sondern auch schwer. Ja, wir
wissen, daß wir einst einen Willen hatten, aber wir wissen
nicht genau, wohin er entschwunden sein könnte. Es scheint,
daß uns die Motivation fehlt, irgend etwas zu tun.

Und doch sind wir hier. Wir leben. Wir haben keine andere
Möglichkeit, als weiterzugehen.

Nach und nach, in kleinen, kaum merklichen Schritten, beginnen wir uns zu wandeln. Nach und nach werden wir, fast
gegen unseren Willen, vorwärts gebracht.

Stellen Sie sich das Leben als einen großen Strom vor, der
sich eigenwillig und mächtig vorwärts bewegt. Wir sind viele,

viele Jahre auf dem Strom gefahren. Einige von uns fuhren wild und rücksichtslos. Andere fuhren nachdenklich und ruhig. Wieder andere fuhren behutsam und vorsichtig. Wie Sie auch auf diesem Strom des Lebens fuhren, er ernährte Sie und hielt Sie meistens aus den Strömungen und kleinen Wellen und Wirbeln heraus.

Wenn unser Kind stirbt, scheint uns irgendeine Kraft hochzuheben und aus dem Strom zu werfen, auf das trockene, wüste Land am Ufer. Dort sitzen wir und weinen, wie die biblischen Verbannten an den Wassern von Babylon, denn auch wir sind Vertriebene. Wir sind vom Strom vertrieben und beobachten sehnsüchtig und klagend, wie das Leben an uns vorüber fließt.

Wir müssen auf dem trockenen Ufer sitzen, um uns zu erholen. Doch langsam müssen wir wieder näher an den Strom herangehen. Wir müssen einen Finger in das Wasser tauchen, dann eine Hand. Wir bringen etwas Wasser an unseren Mund und spüren, daß es uns immer noch ernähren kann. Langsam, vorsichtig, zögernd müssen wir wieder in den Strom zurück, denn sonst werden wir auf den unfruchtbaren dürren Ufern sterben.

Irgendwann in den ersten fünf Jahren wird uns von neuem bewußt, daß wir das Wasser des Lebens als Nahrung brauchen. Allmählich, fast gegen unseren Willen und oft mit einem großen Schuldgefühl, glauben wir, daß wir vielleicht doch noch zu dem Wasser des Lebens zurückkehren können.

Wir können nicht zu ihm zurückkehren als die Menschen, die wir waren, bevor unser Kind starb. Doch als die Menschen, die wir jetzt sind, können und werden wir zurückkehren.

Einige von uns beobachten den Strom nur. Andere haben sein Wasser schon wieder gekostet und es süß gefunden. Andere sind hineingewatet, vielleicht bis zu den Knien.

Das ist die Aufgabe der kommenden Jahre. Sie müssen zu dem Strom des Lebens zurückkehren als der Mensch, der Sie jetzt sind, ein Mensch, der Tod, Verlust und Kummer kennengelernt hat. Ein Mensch, der Traurigkeit versteht, aber auch Freude schätzt.

Ein Platz für Erinnerungen

Sie können sich nicht vorwärts bewegen, ohne eine Art Frieden mit dem Geschehenen zu machen. Wir alle sehnen uns nach etwas Frieden, während wir gleichzeitig den Schmerz und Kummer mit ganzer Kraft festhalten. Das ist alles, was uns von unserem Kind geblieben ist, fühlen wir manchmal. Wenn wir das aufgeben, bedeutet das, unser Kind ist gegangen. Es bedeutet, daß wir uns nicht genug gesorgt haben. Es bedeutet, daß wir vergessen.

Wir haben so große Angst vor dem Vergessen. Allzu kurz oder Jahr auf Jahr geschichtet, sind unsere Erinnerungen unsere Schätze. Ich muß mich hin und wieder „testen", indem ich versuche, die Stimme meines Kindes in meinem Kopf zu „hören". Kann ich noch hören, wie seine Stimme klang? Ich rufe mir Bilder ins Gedächtnis zurück, die ich nicht als Fotos habe. Ich erinnere mich an Ereignisse und Unterhaltungen. Ich befürchte, daß ich dazu nicht mehr fähig sein könnte, wenn ich es nicht regelmäßig mache.

Wir alle wissen, daß Erinnerungen verblassen können. Wir können uns nicht an jede Einzelheit vergangener Ereignisse wie Schulabschlußfeiern, Reisen und Ausflüge oder Zusammenkünfte erinnern. Wir können uns nicht an die Kleidung erinnern, die wir trugen, auch nicht an die Namen alter Bekannter. Wir wissen auch, daß unser Gedächtnis nicht mehr so gut ist wie vor dem Tod unseres Kindes.

Wie können wir sicherstellen, daß unsere Erinnerungen an unser Kind für immer frisch und lebendig und außergewöhnlich bleiben?

Ich bin mir sicher, daß wir unsere Kinder nicht vergessen. Bei der Arbeit mit Eltern, die vor vierzig oder fünfzig Jahren ein Kind verloren haben, bemerke ich, daß sie noch imstande sind, sich an kleine, genaue Einzelheiten aus dem Leben ihres Kindes zu erinnern, an Vorlieben und Abneigungen, an Freunde und Freizeitbeschäftigungen. Denken Sie daran, daß wir beim Älterwerden unser Kurzzeitgedächtnis verlieren können. Weit zurückliegende Erinnerungen bleiben uns am längsten erhalten, denn sie sind am tiefsten in unser Gehirn eingebettet. Dennoch machen wir uns Sorgen.

Es gibt verschiedene Dinge, die Sie tun können, um sicher zu gehen, daß Sie sich die Erinnerungen an Ihr Kind erhalten. Schon allein diese Tätigkeit selbst kann ein Teil Ihres Entwicklungs- und Änderungsprozesses sein. Sie können die Erinnerungen an Ihr Kind aufschreiben oder auf Tonträger aufnehmen und andere bitten, dasselbe zu tun. Sie können einen „Erinnerungskasten" einrichten, besondere Fotoalben, Sammlungen von Lieblingsgegenständen und Geschriebenem. Sie können eine Collage aus seinen Karten und Briefen machen oder Fotos in hübschen Rahmen zusammenstellen.

Nutzen Sie Ihre eigenen Interessen und Ihre Kreativität, um etwas zu machen, das eine besondere Bedeutung hat. In einem früheren Kapitel erwähnte ich eine Mutter, die einen Quilt aus den Lieblingskleidern ihres Kindes machte, ein Quadrat für jedes Lebensjahr. Sie nutzte ihre Vorliebe für das Nähen, um auf diese Weise einige ihrer Lieblingserinnnerungen zu bewahren.

Eine andere Mutter machte ein wunderschönes Fotoalbum. Sie bezog es mit kleingeblümtem Stoff in den Lieblingsfarben ihres Kindes und ließ in der Mitte ein Oval frei für ein Bild ihrer Tochter. Sie umrandete es mit Spitze und stickte den Namen unter das Bild.

Ein Vater nahm eine kleine alte Kiste und strich sie in einem leuchtenden Blau. Er malte einen Zug, Bauklötze, einen Teddybär und einen Ball auf den Deckel. Er brachte auch ein hübsches, glänzendes Messingschloß an. Ausgewähltes Spielzeug, eine Decke und der Teddy seines Kindes haben dort ihren Platz.

Eine Mutter sortierte alle Fotografien von ihrem Kind und stellte eine Auswahl zusammen, die von besonderer Bedeutung war. Sie ordnete die Bilder nach ihrem Geschmack und ließ sie mit einem wunderschönen Goldrahmen rahmen.

Ich bewahrte Schnipsel mit der Schrift meines Kindes auf. Ich halte Listen von seinen Lieblingsnahrungsmitteln in Ehren, die er machte, wenn ich einkaufen ging, Gedichte, die er schrieb, Listen über erledigte Hausarbeiten, Essays von Schulaufgaben. Ich besorgte mir eine passende Holzschachtel, ließ seinen Namen auf einem Messingschild auf dem Deckel eingravieren und tat alle Schnipsel lose hinein, wie ich sie gefunden hatte. Ich glaube nicht, daß mein unordentliches Kind gewollt hätte, daß seine Papiere fein geordnet würden! Ich hob nicht nur seine Papiere auf, von denen einige verkrumpelt und an den Ecken ausgefranst waren, sondern auch die Erinnerung an seine Unordnung.

Viele Kinder, und zwar jeden Alters, haben besondere Sammlungen. Jeder Gegenstand in der Sammlung hat für Sie eine besondere Bedeutung. Sie erinnern sich daran, als Ihr Kind diesen Gegenstand bekam, wie es ihn hielt, vielleicht damit spielte, die Sammlung in seinem Zimmer unterbrachte. Wenn die Sammlung aus Dingen besteht, die aufgehoben werden können (von vernünftiger Größe, nicht lebendig usw.), können damit viele Erinnerungen bewahrt werden.

Mein Sohn sammelte Spielkarten. Er hatte Hunderte von Spielen. Es gab auch Untersammlungen: Spielkarten von Fluglinien und von Ansichten, ungewöhnlich geformte Spielkarten, Spielkarten in wunderschönen Kästen und so weiter. Er hatte Borde für die Wand in seinem Zimmer gebaut und stapelte sie dort. Ich konnte sie nicht an ihrem ursprünglichen Platz lassen. Doch ich habe sie in einer Schublade aufbewahrt und möchte gern eine kleine Kiste für sie besorgen. Jedes Spiel trägt Erinnerungen an Urlaube, besondere Ereignisse und Einkaufsfahrten. Jedes erinnert mich an einen Augenblick in seinem Leben – ein bestimmtes Alter, einen Gesichtsausdruck, ein Lächeln.

Viele unserer Kinder liebten Musik und hatten eine große Sammlung von CDs oder Kassetten. Sie können sie durchsehen und diejenigen auswählen, von denen Sie wissen, daß sie Ihrem Kind besonders lieb waren. Sie können diese in einen besonderen Behälter für CDs oder Kassetten tun und den Behälter mit dem Namen ihres Kindes versehen. Sie haben dann nicht nur etwas Besonderes von Ihrem Kind zum Ansehen, sondern Sie können auch seine Lieblingslieder immer spielen, wenn Sie es möchten. Wenn Ihr Kind spezielle Lieder liebte, können

Sie ein Band mit all diesen Lieblingsliedern zusammenstellen. Sie können dies sogar leicht überall mitnehmen; Sie können Kopien machen für Ihre Lieben oder seine Freunde, wenn Sie möchten.

Wenn Sie ein Kind durch Totgeburt oder Fehlgeburt verloren haben, oder in den ersten Lebenstagen, haben Sie vielleicht nur wenige oder keine Erinnerungsstücke an Ihr Kind. Ich habe gesehen, wie Eltern mit diesem Problem in einer sehr kreativen Weise umgegangen sind. Sie fertigten ein Fotoalbum von sich selbst an, in den einzelnen Abschnitten der Schwangerschaft. Weitere Informationen, wie Berichte über die Schwangerschaft, ein Foto eines Sonogramms, ein Streifen von dem Ergebnis einer Untersuchung, ein Namensschild des Krankenhauses kamen hinzu. Wenn eine Geburtsurkunde ausgestellt worden war, fand auch sie ihren Platz in dem Album. Das Album wurde mit Babymustern geschmückt. Wenn die Eltern Glück hatten, existierte ein Bild von ihrem Baby, das natürlich einen Ehrenplatz bekam. Einige Eltern zeichneten eine Karte mit dem Namen des Kindes in wunderschöner Handschrift.

Ein anderer Elternteil, ein begeisterter Fotograf, hatte eine riesige Sammlung von Fotos und Videos seines Kindes. Er verbrachte viele Abende in Erinnerung an sein Kind und stellte ein Video zusammen, das aus Filmausschnitten und Fotos bestand und verschiedene Titel hatte. Es war ein Kunstwerk – ein Zeichen für die Liebe eines Vaters. Wie die anderen Erinnerungen, die wir bewahren, war jede einzelne nicht nur ein Bild – sondern ein Augenblick im Verlauf der Zeit. Der Vater konnte sich daran erinnern, wie er die Bilder aufgenommen und sie mit der Familie bei besonderen Gelegenheiten angesehen hatte. Er konnte sich daran erinnern, wie seine Tochter von einem Foto peinlich berührt war, über ein anderes lachte, nicht glauben konnte, daß sie ihr Haar je so trug, wie auf diesem anderen Bild, und ganz verträumt ausgesehen hatte, als sie an ihr Kleid zum Schulabschlußball dachte. Er erinnerte sich daran, daß sie ihn fragen mußte, ob sie es kaufen dürfe, weil es teuer war und der Preis über den Betrag hinausging, den ihre Mutter festgesetzt hatte.

Ein Elternteil, der gern schreibt, kann vielleicht im Aufschreiben seiner Erinnerungen eine Möglichkeit finden, besondere Augenblicke zu bewahren. Sie beginnen vielleicht zufällig mit dem Schreiben, gerade so, wie Sie sich an die Dinge erinnern, und sortieren die Erinnerungen erst später, wenn überhaupt. Vielleicht sortieren Sie Ihre Erinnerungen nach Jahren oder nach Themen, wie Schule, Familie, Feste, Reisen und so weiter. Finden Sie Ihre eigene Methode heraus, damit das Schreiben für Sie eine Bedeutung bekommt und ihre liebsten Erinnerungen weckt.

Das Bewahren dieser Erinnerungen ist schon in sich ein Teil unserer Trauer. Sie finden es vielleicht am Anfang zu schmerzlich. Es kann mehrere Jahre dauern, ehe Sie manche Dinge Ihres Kindes anschauen können. Wie ich in einem Kapitel weiter oben erwähnte, habe ich mir immer noch nicht die Football-Videos meines Sohnes anschauen können.

Wiederanschauen, neu ordnen, sortieren, gliedern, für Erhaltung sorgen – all diese Tätigkeiten helfen uns, unsere Zeit als Eltern dieses Kindes noch einmal zu leben und zu erleben. Dies kann jedoch ein langwieriger Prozeß sein, und vielleicht werden Sie monatelang mit Ihrem Erinnerungsbuch oder Fotoalbum beschäftigt sein, möglicherweise sogar jahrelang.

Wir brauchen die Zeit, und wir brauchen das Wiedererleben, denn nur, wenn wir anhand der Ereignisse im Leben unseres Kindes in die Vergangenheit zurückgehen, können wir beginnen, sie abzulegen und eine Art Abschluß zu erreichen. Nicht den Abschluß des Vergessens, sondern den gesunden Abschluß einer Zeit und eines Erlebens, die für immer ein Teil von uns sind, auch wenn keine Kapitel mehr geschrieben und keine Fotos mehr gemacht werden können.

Andenken, Denkmäler

Das Bewahren Ihrer Erinnerungen und das Aufbewahren von Gegenständen ist eine wunderbare Möglichkeit, sich an Ihr Kind zu erinnern. Einige Eltern fühlen jedoch das Bedürfnis, darüber hinaus etwas zu haben, das die Existenz und die Zeit des Kindes in dieser Welt bezeugt.

Da ist zu allererst die Angelegenheit mit dem Friedhof. Wir haben vielleicht die schwierige Aufgabe, eine Grabstelle für unser Kind zu besorgen. Sehr bald oder Monate oder Jahre später möchten wir einen Grabstein aufstellen lassen.

Für viele von uns ist das Entwerfen eines Steines das Letzte, was wir direkt für unser Kind tun können. Es ist ein wichtiger Schritt. Sie werden den Stein viele, viele Jahre sehen, und ich halte es für wesentlich, daß Sie sich Zeit lassen, um etwas zu entwerfen und zu erschaffen, das Bedeutung für Sie und Ihr Kind hat. Steinmetze können Ihnen dabei eine große Hilfe sein. Sie haben Bücher und Alben mit Entwürfen, eine Auswahl an Steinen und Beschriftungen und können Ihnen Vorschläge machen, die Ihnen die Entscheidung erleichtern.

Scheuen Sie sich nicht, Ihrer Phantasie freien Lauf zu lassen, wenn es auf Ihrem Friedhof gestattet ist. Steine für Kinder sind oft so gestaltet, daß sie dem Alter und den Interessen des Kindes entsprechen. Eltern, deren Kind Fische liebte, haben zum Beispiel Zeichnungen von Fischen auf den Stein gebracht. Andere zeichneten Blumen auf den Stein ihrer Tochter. Sie möchten vielleicht einen Lieblingsspruch haben, wie eine Zeile aus einem Lied oder Gedicht, oder einen besonders bedeutungsvollen Abschnitt aus der Bibel. Sie möchten vielleicht lieber eine ganz persönliche Mitteilung schreiben und auf dem Stein eingravieren lassen. Ich kenne ein Elternteil, der die Unterschrift seines Kindes eingravieren ließ.

Verwaiste Eltern haben sehr individuelle Bedürfnisse bezüglich des Friedhofs. Kultur und Tradition spielen eine große Rolle für unsere Einstellung zum Friedhof. Trauergewohnheiten und Friedhofbesuch sind unterschiedlich von einer Kultur oder ethnischen Gruppe zur anderen. Manche Kulturen und Religionen haben sorgfältig beachtete Rituale und Gebräuche bezüglich des Friedhofbesuches, und diese können eine Quelle des Trostes und eine Hilfe für Sie sein.

Die persönliche Einstellung der Eltern zum Friedhofbesuch variiert auch sehr. Einige Eltern empfinden ihn als Trost, andere als schmerzliche Verpflichtung. Wieder anderen ist es unmöglich, den Friedhof zu besuchen. Vielleicht stellen Sie fest, daß dies für Sie der geeignete Ort ist, um sich mit Ihrem Kind zu unterhalten oder still und geheim Erinnerungen zu erzählen. Oder Sie empfinden vielleicht, daß ein Besuch so viel Verwirrung und Schmerz aufwühlt, daß Sie keine Nähe fühlen können. Sie fühlen vielleicht, daß Ihr Kind nicht dort ist, auf dem Friedhof, und so hat der Besuch keinen Sinn. Das bedeutet nicht, daß Sie Ihr Kind nicht lieben.

Sie müssen das Gefühl haben, Ihren eigenen Bedürfnissen und Ihrem Glauben folgen zu können, denn das ist immer der beste und tröstlichste Weg. Hören Sie nicht auf diesbezügliche Ratschläge oder Vorschläge. Tun Sie, was *Sie* tun müssen. Sie werden viele andere verwaiste Eltern treffen, aber Sie werden herausfinden, daß jeder von Ihnen eine andere Einstellung zum Besuch auf dem Friedhof hat.

Es ist auch möglich, noch andere Gedenkzeichen zu setzen. Einige könnten für Sie besonders tröstlich und bedeutungsvoll sein.

Sie erfahren vielleicht, daß von Freunden und Verwandten ein Fonds zur Erinnerung an Ihr Kind geschaffen wurde. Oder Sie können etwas Geld beiseite legen und wollen zum Andenken an Ihr Kind etwas Besonderes ins Leben rufen.

Sie möchten vielleicht im Namen Ihres Kindes an seiner Schule einen Fonds für Stipendien an seiner Schule schaffen. Die Stipendien könnten natürlich an Bedürftige oder als Belohnung verliehen werden, aber auch für etwas, das Ihrem Kind lieb war. Stipendien für hervorragende Leistungen in einem Schul- oder Studienfach Ihres Kindes, in seinem Lieblingssport, in Musik für einen Schüler oder Studenten, der das gleiche Instrument spielt, oder zum Nutzen der Allgemeinheit. Das sind Beispiele für Stipendien, die Sie ins Leben rufen können.

Sie können ein bedürftiges Kind, das jedes Jahr von der Schule ausgesucht wird, in ein Ferienlager schicken. Die Schule Ihres Kindes wird Sie gern bei der Schaffung eines solchen Erinnerungspreises unterstützen.

Das Pflanzen von Bäumen ist eine andere bedeutungsvolle Möglichkeit, sich an Ihr Kind zu erinnern. Sie können einen Baum bei sich zu Hause pflanzen, an dem „besonderen Ort" Ihres Kindes, in der Schule Ihres Kindes oder irgendwo sonst. Manche Städte und Großstädte haben Spezialprogramme, so daß Sie einen Baum zur Erinnerung an einen Menschen pflanzen können, und die Stadt stellt daneben ein Schild mit dem Namen, Geburts- und Sterbedatum auf. Viele Juden pflanzen Bäume in Israel zur Erinnerung an geliebte Menschen, und Sie können dort in einem Erinnerungswald ein ganzes Gehölz zur Erinnerung an Ihr Kind anpflanzen lassen. Gruppen der „Compassionate Friends" („Mitfühlende Freunde") haben in ihren Gemeinschaften zur Erinnerung an Kinder Wäldchen angelegt, und dort finden jedes Jahr Gottesdienste statt, in denen auch Ihres Kindes gedacht werden kann.

Sie entscheiden sich vielleicht dafür, eine Bank in einem Park zu stiften. Städte und Großstädte haben oft in Parkanlagen Bänke, die den Namen eines Menschen tragen. Sie möchten vielleicht lieber ein ruhiges Fleckchen auf dem Schulspielplatz Ihres Kindes schaffen oder auf dem Gelände seines Arbeitsplatzes. Eine Skulptur, Pflanzen oder ein Springbrunnen könnten einem Ort, den Ihr Kind liebte, eine besondere Note geben.

Etwas Besonderes für andere zu tun oder besondere Ereignisse ins Leben zu rufen, könnte vielleicht für Sie das Richtige sein. Sie möchten vielleicht Ihrer Bibliothek eine Auswahl von Kinderbüchern schenken oder dort ein Eckchen schaffen, in dem Mütter, die ein sehr kleines Kind verloren haben, Bücher finden, die sie informieren und trösten. Sie können jedes Jahr am Geburtstag Ihres Kindes Lebensmittel für eine Suppenküche bereitstellen. Sie möchten vielleicht ein Möbelstück oder eine Gedenktafel am Arbeitsplatz Ihres Kindes haben. Sie könnten die Unterstützung einer Pfadfindergruppe übernehmen. Wir riefen zum Beispiel einen besonderen Frühlingstag im Jugend-Gemeinde-Zentrum unseres Kindes ins Leben, an dem die Jugendlichen für einige Stunden den „Unterricht schwänzten", ein Picknick hatten und im Freien spielten – etwas, das unser Sohn genossen haben würde. Sie könnten nach der Kirche Kaffee und Kuchen am Geburtstag Ihres Kindes spendieren. Was Sie auch tun möchten, immer werden Sie hilfreiche und verständnisvolle Menschen finden, die Ihnen bei Ihren Plänen helfen.

Wie mit dem Grabstein, ist es am besten, wenn Sie sich Zeit nehmen und darüber nachdenken, welche Art des Gedenkens Ihrem Kind gefallen hätte. Ein Elternteil stiftete eine besondere Ausstellung in dem Aquarium, das sein Kind so gern besuchte. Ein anderer Elternteil unterstützte ein Vorhaben bei dem Schwesternverband seiner Tochter. Eine Mutter, die ein kleines Kind verlor, fördert in dem Tagesheim ihres Sohnes jedes Jahr ein bestimmtes Projekt. Unser Sohn liebte den Sport, und wir kauften aus dem Fonds, der an seiner Schule zu seinem Gedenken geschaffen wurde, eine dringend benötigte Ergebnis-Anzeigetafel. Sie trägt seinen Namen, und jeden Nachmittag lachen und spielen und arbeiten Sportmannschaften unter seinem Denkmal. Manchmal fahre ich dorthin und beobachte sie, und es tröstet mich.

Das Planen solcher Denkmäler und Andenken, wie auch das Bewahren der besonderen Erinnerungen an unser Kind, kann uns helfen, uns zu entwickeln und einen gewissen Frieden zu gewinnen. Sie tragen alle dazu bei, daß unser Kind nicht vergessen wird. Sie geben uns Trost und gleichzeitig anderen Menschen etwas von unserem Kind.

Diese besonderen Tage

Die besonderen Gelegenheiten sind für uns alle Stolpersteine. Sie erinnern uns schmerzlich an die Abwesenheit unseres Kindes. Doch sie erscheinen regelmäßig und unerbittlich, und irgendwie müssen wir mit ihnen zurechtkommen.

In dem Jahr, in dem ich mein Kind verlor, fürchtete ich das Näherkommen seines Geburtstages, den Tag seines Unfalls und seinen Todestag. Ich glaubte nicht, daß ich sie überstehen würde.

Ich begann mich schon viele Wochen vorher aufzuregen. Ich konnte fühlen, wie sich der Knoten in meinem Magen zusammenzog. Ich konnte den Horror in meiner Seele fühlen, als mir klar wurde, daß ich diese schrecklichen Tage nicht „überspringen" konnte. Als der erste, sein Geburtstag, näherkam, bekam ich heftige Kopfschmerzen, Übelkeit und Angst. Ich wußte mir nicht zu helfen.

Auf einem Treffen der „Compassionate Friends/Bereaved Parents USA" bat ich um Hilfe und Vorschläge und fand Trost in der Kraft und dem Verständnis und der Hilfe, die mir so schnell entgegengebracht wurden.

„Pflanzen Sie einen Baum."

„Zünden Sie eine Kerze an."

„Sprechen Sie ein Gebet."

„Lassen Sie einen Ballon aufsteigen."

„Besorgen Sie hübsche Blumen."

Die Botschaft war klar. Mühe dich nicht durch den Tag. Hebe ihn hervor, erkenne ihn an. Plane alles sorgfältig, so daß du nicht ohne Halt dahintreibst.

Wir beschlossen, Ballons aufsteigen zu lassen. Mit Rücksicht auf die Umwelt besorgte ich schon Tage vorher biologisch abbaubare Ballons. Wir beschlossen, ein Ballonritual für uns zu machen. Wir würden Mitteilungen für unser Kind unter den Ballons befestigen. Wir würden „Happy Birthday" für ihn singen. Dann würden wir die Ballons loslassen.

An jenem ersten Mal glitzerte der Frost und knackte unter unseren Füßen, als wir in den kalten, windstillen Morgen hinausgingen. Wir sangen „Happy Birthday", ließen nacheinander sechs Ballons aufsteigen. Ich hatte für meinen Sohn einen herzförmigen rosa Ballon besorgt, auf dem „Ich liebe dich" geschrieben stand. Ich beobachtete, wie der Ballon stieg – und dann im Baum des Nachbarn hängenblieb.

„Nichts läuft mehr richtig für mich", sagte ich zu mir selbst. „Selbst mein Ballon kann nicht zu ihm kommen."

Ich war zu sehr aus der Fassung geraten, um zur Arbeit zu gehen, legte mich auf mein Bett und weinte mich in den Schlaf. Irgendwie schien mein Sohn zu mir zu kommen, und ich konnte ihn hören und sehen, als er mir für dieses schöne Geburtstagsgeschenk dankte. Seine Augen funkelten, und er lächelte.

Ich erzählte ihm von dem Ballon, der in dem Baum festsaß. „Mach dir keine Sorgen", sagte er, „ich werde den Wind holen."

Als er dies sagte, konnte ich den kühlen Windstoß an meinem Körper spüren, der sich auf seinem Weg aus dem Fenster gegen mich preßte. Ich blickte durch das Dach hinauf und sah, wie mein Sohn den Ich-Liebe-Dich-Ballon fing, der nun wieder frei war. Er sammelte alle Ballons und dann schienen sie, und er, in den Himmel hinaufzusteigen und zu verschwinden.

Nach einer Weile wachte ich auf, enttäuscht bei dem Gedanken, daß ich einen Traum gehabt haben mußte, obwohl ich mich über seine Klarheit und Stärke wunderte. Gefangener Ballon oder befreiter Ballon, ich wußte, ich mußte zur Arbeit gehen. Erschöpft machte ich mich fertig und ging nach draußen. Ich schaute in den Baum hinauf, in dem mein Ballon steckengeblieben war.

Er war fort.

Ich erzähle Ihnen diese besondere Geschichte, weil sie so viel auszusagen scheint: Schönheit und Kraft des Rituals, Glauben, Möglichkeiten der Verbindung – Geschenke aus dem Jenseits. Seit damals haben wir an jedem Geburtstag unsere Geburtstagsfeier mit Ballons.

An seinem Todestag versuchen wir uns jedes Jahr auf dem Friedhof zu treffen. Mein Mann und ich sind immer dort an jenem Tag, aber meine Töchter, über das Land verstreut, schaffen es nicht immer. Wir lesen etwas aus der Bibel aus dem Buch

Daniel vor und singen einige Lieder für ihn. Wir bringen Blumen mit.

Es ist sehr wichtig, daß Sie Rituale für besondere Gelegenheiten haben. Sie können ein besonderes Gebet sprechen. Sie können auf den Friedhof gehen, Ballons mitbringen und sie an dem Grabstein befestigen. Sie können zu einem besonderen Gottesdienst gehen. Sie können eine Erinnerungskerze anzünden. Sie können jedes Jahr in Ihrem Garten einen Baum pflanzen. Vielleicht möchten Sie für diese besonderen Tage ein Ritual entwickeln, das noch in vielen Jahren genauso außergewöhnlich ist wie heute.

Der Geburtstag Ihres Kindes und sein Todestag sind wahrscheinlich die schwersten Tage für Sie, doch auch Festtage sind schwierig. Weihnachten, Ostern, Familientreffen – diese Tage, die einst eine Zeit der Freude und des Zusammenseins mit der Familie waren, sind nun eine Zeit der erneuten Traurigkeit, eine Zeit, in der der Verlust Ihres Kindes besonders schmerzlich ist.

Sie stellen vielleicht fest, daß es hilft, wenn Sie jetzt manche Dinge auf andere Art tun. Wenn Sie immer die Familie für das Passah Seder bei sich versammelt hatten, gehen Sie doch statt dessen zu jemandem, mit dem Sie sonst nie an diesem Feiertag zusammen waren. Wenn Sie Weihnachten immer zu Tante Anna gingen, denken Sie darüber nach, ihre Familie zu sich einzuladen oder wegzufahren oder zum Essen auszugehen.

Diese Veränderungen in Ihren Gewohnheiten werden Ihnen besonders am Anfang helfen. Wenn Sie nach einigen Jahren gern zu den alten Bräuchen zurückkehren möchten, tun Sie es. Haben Sie dieses Verlangen nicht, bleiben Sie bei den neuen.

Einige Eltern stellen fest, daß es zu schmerzlich ist, die Festtage überhaupt in irgendeiner Form zu beachten, und versuchen, den Feiertag wie jeden anderen Tag zu verleben. Oder sie bleiben vielleicht zu Hause und klammern sich an ihren Schmerz und Kummer. Das übliche Zusammensein mit der Familie oder mit Freunden könnte die Abwesenheit Ihres Kindes in der vertrauten Runde zu stark und schmerzlich betonen.

Nur Sie können wissen, auf welche Weise Sie am besten mit

diesen Festtagen umgehen. Denken Sie darüber nach und machen Sie Pläne, wie Sie es für den Geburtstag und den Todestag Ihres Kindes getan haben. Lassen Sie sich nicht unvorbereitet von dem Tag überraschen – das ist für die meisten Eltern noch schwerer.

Es gibt noch weitere Gelegenheiten, die vielleicht besonders schwer für Sie sind. Viele verwaiste Eltern können noch Wochen, Monate oder Jahre nach dem Verlust ihres Kindes nicht unter vielen Menschen sein. Es ist einfach, Cocktailpartys zu vermeiden – die Anstrengung, eine „Cocktail-Party-Unterhaltung" zu führen, würde für uns sowieso zu groß sein –, doch ist es schwieriger, bei anderen Gelegenheiten fernzubleiben.

Was tun Sie zur Hochzeit Ihres Cousins oder der Erstkommunion Ihrer Nichte, der Feier zum vierzigsten Geburtstag Ihrer besten Freundin oder dem Essen, das Ihre Vorgesetzte zur Anerkennung ihrer Mitarbeiter veranstaltet?

Tun Sie, was Sie für sich für das Beste halten. Sie müssen sich vor allem selbst beschützen, denn Sie haben einen schweren Schock und Verlust erlitten und wissen, wie schwach und verwirrt Sie davon sind. Sie müssen sich zeitig im voraus Gedanken machen und entscheiden, was Sie tun können. Können Sie an der Trauung teilnehmen und nicht zum Empfang gehen? An allem teilnehmen? Zu Hause bleiben? Können Sie Ihre beste Freundin zum Mittagessen in ein Restaurant einladen, nur Sie beide, anstatt zu ihrer Party zu gehen? Oder können Sie einfach „vorbeischauen", ihr aber schon vorher sagen, daß Sie nicht lange bleiben können? Können Sie Ihrer Vorgesetzten erklären, daß Sie in diesem Jahr nicht an dem Essen teilnehmen können, ihr aber ein paar Zeilen schreiben und ihr sagen, daß Sie ihr Verständnis und ihre Unterstützung sehr schätzen?

Jede Situation ist anders. Und Ihre Gefühle bezüglich der Teilnahme werden nicht nur von dem Anlaß abhängen, sondern auch davon, wie weit Sie in Ihrem Trauern sind und was sich im Augenblick sonst noch in Ihrem Leben ereignet. Sie müssen jeden Anlaß für sich betrachten. Versuchen Sie nicht,

„konsequent" oder „gerecht" zu sein. Tun Sie das, was für Sie das beste ist. Die anderen werden es verstehen.

Ich dachte am Anfang, ich würde nie im Leben wieder zu einer Menschenansammlung gehen. Schon der Gedanke an all diese fröhlichen Leute ließ mich in meinem Schmerz zusammenzucken. Und doch habe ich es in diesem Jahr getan, zu sehr wenigen Anlässen und für recht kurze Zeit. Ich weiß jetzt, daß ich wohl imstande sein werde, es irgendwann wieder zu tun.

Alltag mit dem toten Kind

Ihr Kind ist ein sehr wichtiger Teil Ihrer Vergangenheit. Sie müssen eine Möglichkeit finden, es zu einem Bestandteil Ihrer Gegenwart und Ihrer Zukunft zu machen. Sie müssen vielleicht eine Möglichkeit finden, es als Teil Ihres Familienlebens zu erhalten. Eine Kontinuität in diesem Sinne ermöglicht es uns, daß wir schließlich wieder in den Strom hineinkommen können.

Sie könnten Ihr Kind als Bestandteil Ihres Alltags erhalten, indem Sie für es eine bestimmte Zeit reservieren. Sie können es in Ihren Gebeten erwähnen. Sie können sich gleich nach dem Aufwachen oder vor dem Einschlafen ein paar Minuten Zeit nehmen, um an es zu denken. Sie können sich jeden Tag, wenn Sie zur Arbeit fahren, an besondere Augenblicke erinnern. Sie können sich jeden Tag sein Bild anschauen, wenigstens für einen Augenblick. Sie können seinen Namen jeden Tag aussprechen, wenigstens für sich selbst. Sie können eines seiner Schmuckstücke tragen, das Sie an es erinnert, wenn Sie auf Ihren Finger blicken. Es gibt tausend Möglichkeiten, wie wir unser Kind jeden Tag als einen Teil von uns erhalten können.

Sie spüren vielleicht, daß dies für Sie nicht angenehm ist. Es ist vielleicht zu schwierig, irgendeinen gewohnheitsmäßigen Ablauf zu machen und dabei zu bleiben. Sie empfinden vielleicht, daß die Wiederholung der gleichen Sache, tagein, tagaus, ihre Bedeutung verliert. Sie möchten vielleicht lieber mit Ihrem Kind „Zeit verbringen", wenn Sie das Bedürfnis verspüren – manchmal nur einen Augenblick, manchmal einen ganzen Nachmittag.

Ein Problem mit dem gewohnheitsmäßigen Ablauf besteht darin, daß Sie sich vielleicht schuldig fühlen, wenn Sie ihn vergessen oder unter dem Druck des Tages nicht dazu kommen. Sollte dies geschehen, müßten Sie über die besonderen Dinge, die Sie tun, noch einmal nachdenken. Sie passen vielleicht nicht in Ihren Lebensstil oder Ihren Alltag.

Hüten Sie sich davor, die Teilnahme des anderen Elternteils oder der Geschwister zu erzwingen. Denken Sie daran, jeder trauert auf seine Weise, und ihre Art ist notwendigerweise anders als die Ihre. Wenn die anderen einverstanden sind mit dem, was Sie tun möchten, oder ein Zeremoniell mit Ihnen machen möchten, lassen Sie sie nur gewähren. Doch reagieren Sie einfühlsam auf ihre Bedürfnisse, wie auch auf Ihre eigenen. Die anderen möchten vielleicht lieber auf ihre Weise an Ihr Kind denken.

Am Anfang mag es mit der für Ihr Kind reservierten Zeit gut gehen. Doch wenn Monate und Jahre vergehen, könnten Sie feststellen, daß dies nicht mehr Ihren Bedürfnissen entspricht. Seien Sie flexibel. Es gibt kein Gesetz, das sagt, sie müßten Ihren Plan Ihr ganzes Leben lang beibehalten. Fühlen Sie sich nicht festgenagelt. Sie haben sich weiterentwickelt und gewandelt. Sie möchten vielleicht etwas anderes tun, um in „Verbindung zu bleiben". Sie sollten verstehen, daß Sie sich im Laufe der Jahre vielleicht viel wohler fühlen, wenn Sie für Ihr Kind „Zeit nach Bedarf" reservieren und nicht mehr einem täglichen gewohnheitsmäßigen Ablauf folgen. Dies bedeutet nicht, daß Sie Ihr Kind vergessen.

Sie haben eine Möglichkeit gefunden, Ihre Erinnerungen zu bewahren. Sie haben eine Möglichkeit gefunden, Ihr Kind zum Bestandteil besonderer Anlässe zu machen. Sie haben sich Ihren Lieben zugewendet und versucht, sie zu trösten oder wenigstens zu verstehen. Sie haben spirituell eine Verbindung zu Ihrem Kind aufgenommen, durch die Religion, durch die

180

Natur, durch die Intuition oder auf einem Weg, den nur Sie und Ihr Kind kennen. Sie haben Ihr Kind als Teil Ihres Lebens bewahrt. Sie haben herausgefunden, daß Sie Tag für Tag leben können, und der Schmerz hat ein wenig von seiner Heftigkeit verloren. Er kommt noch manchmal mit aller Kraft zurück, doch jetzt wissen Sie, daß er nachlassen kann.

Es ist eine lange, ermüdende, schmerzliche Straße gewesen, eine Straße, die Sie nie gehen wollten. Doch Sie haben gespürt, daß Augenblicke der Schönheit und der Süße mit dem Kummer vermischt waren.

Erst lächeln, dann lachen

Als ich zum ersten Male lächelte, mußte ich meine Gesichtsmuskeln in die richtige Stellung zwingen. Sie waren so lange nicht gedehnt worden, es schien, als ob sie die Fähigkeit dazu verloren hätten. Es war ein gezwungenes, falsches Lächeln. Ich fühlte, ich mußte es aus Höflichkeit tun. Schließlich muß man ja manchmal freundlich auf etwas oder jemanden reagieren.

Beim zweiten Mal war es einfacher, obwohl ich mich noch zum Lächeln verpflichtet fühlte. Ich lächelte mit dem Mund, aber meine Augen waren noch ausdruckslos, das wußte ich.

Mit dem Ablauf der Monate, bis zu und nach dem ersten Jahrestag seines Todes, kam das Lächeln manchmal, doch nicht oft, ohne Nachdenken. Worüber sollte ich lächeln?

Die Possen eines jungen Hundes. Ein Kleinkind, das mit Seifenblasen spielte. Verliebte, die sich in die Augen blickten. Ein Scherz. Ein lustiger Film. Ein Lächeln von einem Freund. Menschen lächelten mir zu, bemerkte ich, und automatisch lächelte ich mit der in Jahren eingefleischten Gewohnheit zurück.

An dem ersten warmen Frühlingstag streckte ich mein Gesicht der Sonne entgegen. Ich lächelte. Mein Mann schenkte mir etwas Verrücktes. Ich lächelte. Ich betrachtete ein komisches Bild von meinem Kind. Ich lächelte.

Nein.

Halt.

Wie *konnte* ich nur?

Schuld überkam mich. Wie konnte ich nur lächeln, wenn mein Sohn tot war? Was konnte es denn nur in aller Welt zu lächeln geben? Ich war dabei, ihn zu verraten, zu vergessen.

Schuld, Schuld, Schuld.

Und doch, ich war immer ein glücklicher Mensch. Ich lächelte viel, den ganzen Tag. Sollte es möglich sein, daß ich nie wieder lächelte?

Ich versuchte, nicht zu lächeln. Und scheiterte. Und vergab mir selbst für mein Scheitern.

Ich glaube nicht, daß wir jede Minute eines jeden Tages für alle Zeit trauern können. Ich glaube, daß wir den Sonnenschein hereinlassen können, trotz unseres Kummers. Es bedeutet nicht, daß wir unser Kind nicht lieben. Sondern es bedeutet, daß es noch Leben und ein Gefühl der Freude in uns gibt.

Und dann überraschte ich mich mit einem Lachen. Der Laut war halbvergessen, doch vertraut. Ich geriet in Panik. Zum Glück war ich mit einem anderen verwaisten Elternteil, einer Mutter, zusammen, die in ihrer Trauer schon viel weiter als ich war. Wir blickten uns überrascht an und lachten über mein Lachen, weil wir beide genau, ohne den geringsten Zweifel, wußten, was ich in diesem Augenblick dachte.

Ich war entsetzt.

„Glaubst du wirklich", sagte meine Freundin, „dein Sohn hätte sich gewünscht, daß du immer traurig bist? Du weißt, daß er es nicht gewollt hätte. Er hätte sich seine Mutter so gewünscht, wie er sie kannte und liebte. Und diese Mutter lächelte und lachte. Sie konnte Freude und Glück empfinden."

Glauben wir, unsere Kinder möchten, daß wir für alle Zeit leiden, trauern? Ich glaube es nicht. Ich glaube, sie möchten, daß wir glücklich sind.

Ich glaube, sie würden uns darin bestärken, daß wir glücklich sein sollen. Wir sollen sie nicht vergessen, doch in ihrer Weisheit, die weit über unsere hinausgeht, wissen sie, daß wir sie nie vergessen werden.

Ihr Kind. Für immer.

Wir vergessen unsere Kinder nicht. Unser Band zu ihnen verändert sich nie. Doch unser Verständnis von diesem Band wandelt sich. Und auch wir wandeln uns. Unvermeidlich, unerbittlich verändert uns der Tod unseres Kindes.

Wir sind trauriger, doch wir sind weiser. Und wir haben ein neues Selbstverständnis. Wir sind unerträglichem Schmerz begegnet, und wir haben überlebt. Wir haben Kraft, nicht die starre Kraft von Stahl, sondern biegsame, geschmeidige Kraft. Wir beugen uns, wir drehen und wenden uns, aber wir zerbrechen nicht. Wir sind aus einem Stoff gemacht, von dessen Existenz die meisten Menschen nichts wissen. Wir hoffen, daß sie es nie werden wissen müssen. Doch wir haben dieses Wissen in Kraft und Stärke verwandelt.

Wir haben ein größeres Verständnis für die Verbindungen zwischen allen Dingen und allen Menschen im Universum und darüber hinaus. Wir wissen, daß wir mit unserem Kind verbunden sind. Wir wissen auch, daß wir mit jedem Lebewesen verbunden sind, mit Gott, mit der Luft, die wir atmen, und der Erde, auf der wir gehen. Ohne dies alles, was existiert, könnten wir selbst nicht sein.

Wir machen uns wahrscheinlich mehr Sorgen um unsere Lieben als vor dem Tod unseres Kindes. Wir *wissen*, mehr als andere Menschen, daß schreckliche Dinge geschehen können. Aber wir wissen auch, daß wir einzelnen Menschen sehr wenig Einfluß darauf haben, was geschieht oder geschehen wird. Wir wissen, daß wir hinnehmen müssen, was das Leben uns bringt, und daß wir eine Möglichkeit zum Überleben finden müssen – nicht mehr als das – um uns zu entwickeln, trotz allem oder wegen allem.

Wir sind mehr gewillt, Neues auszuprobieren, neue Fertigkeiten oder Ideen kennenzulernen. Wir strecken uns der Welt entgegen und umschließen ihren Reichtum und wissen, daß auf eine besondere Weise unser Kind ein Teil dieses Reichtums ist und unsere Umarmung fühlt. Wir lernen und entwickeln uns mit und durch und für unser geliebtes Kind. Es würde auf uns stolz sein.

Wir haben unser Kind oder unseren Verlust nicht vergessen oder beiseite gelegt. Sondern wir haben ihn in uns *hinein* genommen und zu einem integralen Bestandteil von uns gemacht. Der Mensch, der wir waren, hat sich verändert und verschoben, um diesen neuen traurigen Teil von uns unterzubringen. Die Verschiebung hat Entwicklung und Wandel möglich gemacht, denn sie hat Räume in uns geschaffen, Räume zum Wachsen, Räume für eine neue Art von Liebe und Freude und Mitleiden.

Unsere Kinder sind unsere Kinder für alle Zeit. Wir haben uns verändert, nicht sie.

Ehe mein Sohn starb, weinte ich vor Qual um ihn, um das Leben und die Zukunft, die er für immer verlieren würde. Doch ich erinnere mich daran, daß ich auch sagte: „Ich bin immer die Mutter von drei Kindern gewesen. Wie kann es sein, wie kann es geschehen, daß ich die Mutter von zweien sein werde?"

Und eine lebenskluge Beraterin hielt meine Hand und sagte: „Sie werden immer die Mutter von drei Kindern sein, auf ganz besondere, einmalige Weise. Sie werden immer die Mutter von dreien sein."

Sie hatte recht. Ich bin noch immer die Mutter von drei Kindern. Gerade so wie Sie noch immer die Mutter oder der Vater von sechs oder vier oder drei oder zwei oder einem sind. Was wir waren, das ist für alle Zeit gültig. Wenn nichts geschaffen oder zerstört wird, dann wird auch unsere Beziehung zu unserem Kind und unsere Liebe zu unserem Kind und unsere Rolle als Eltern dieses Kindes niemals zerstört.

Sie hat eine andere Form angenommen, das ist wahr. Aber unser Kind ist für immer unser Kind.

Wo Sie Hilfe finden

Therapie für Sie und Ihre Familie

Psychiater, Psychologen, Fürsorger, Berater

Hilfe zu bekommen ist eine sehr persönliche Angelegenheit und sollte sorgfältig vorbereitet werden. Damit die Hilfe wirksam sein kann, muß zwischen Ihnen und dem Therapeuten eine gute Beziehung entstehen. Was einen Therapeuten für Sie „gut" macht, außer der entsprechenden Ausbildung und seinen Fertigkeiten, ist jenes undefinierbare Etwas zwischen Ihnen, das die Beziehung zu einem sicheren und gesunden Ort macht, an dem Sie den Verlust und die Trauer erforschen und bewältigen können.

Therapeuten arbeiten mit Einzelpersonen, Paaren und ganzen Familien, um Ihnen Hilfe und Unterstützung zu geben, Entwicklung und Selbsterkundung zu bestärken und Ihnen bei den Problemen beizustehen, die Sie in sich selbst, in Ihrer Beziehung zu den Mitgliedern Ihrer Familie und in Ihrem privaten und gesellschaftlichen Leben erleben.

Empfehlungen sind oft ein guter Anfang auf der Suche nach Ihrem Therapeuten. Freunde, andere Menschen, die auch ein Kind verloren haben, Seelsorger und Ihr Arzt sind gewöhnlich gute Quellen, um Namen von potentiellen Therapeuten zu erfahren. Stellen Sie eine Liste zusammen und überlegen Sie dann, welche objektiven Eigenschaften für Sie wichtig sind. Sie möchten vielleicht einen Therapeuten finden, der selbst ein Kind verloren hat, einen Ihres Geschlechts, Ihrer Religion oder Rasse oder ethnischen Gruppe, einen, dessen Sprechstunden und Wohnsitz für Sie bequem zu erreichen sind, einen, dessen Bildung und Ausbildung Ihnen Vertrauen einflößen und so weiter. Wählen Sie die Therapeuten Ihrer Liste nach diesen Kriterien aus.

Sie können die Namen von Therapeuten in Ihrer Gegend auch von professionellen Vereinigungen bekommen.

Ihre Krankenversicherung wird vielleicht die Kosten für einen Teil oder alle Dienste eines zugelassenen Therapeuten übernehmen.

Nachdem Sie eine Liste von Therapeuten zusammengestellt haben, treffen Sie eine Verabredung mit dem Therapeuten, der nach allem, was Sie gehört haben, Ihnen am geeignetsten erscheint. Während Ihres Besuches versuchen Sie festzustellen, ob eine gute Zusammenarbeit möglich sein könnte. Denken Sie ein paar Tage über Ihre Entscheidung nach: Sie ist wichtig. Wenn Sie beschließen, daß dieser Therapeut der richtige für Sie sei, treffen Sie eine weitere Verabredung und beginnen Sie mit der Arbeit. Wenn Sie Bedenken haben, rufen Sie einen anderen Therapeuten von Ihrer Liste an.

Seelsorgerische Beratung

Alle Religionen haben Rituale und Zeremonien zu Ehren der Toten und zum Trost für die Hinterbliebenen. Sei es ein besonderer Gottesdienst, eine angezündete Kerze oder ein Gebet für den Toten, Ihr Glauben bietet Ihnen geistliche Hilfe und Führung durch diesen so schwierigen Ablauf.

Der Seelsorger Ihrer Gemeinde, ist auch bereit, Ratschläge zu erteilen, Unterstützung anzubieten und Ihnen beizustehen, damit Sie die erforderliche Hilfe bekommen. Er oder sie ist erfahren in der Arbeit mit Verlust, Kummer und Verlassenheit; kennt Sie, Ihre Familie und Ihr Kind; kann mit ihnen auf eine vertraute und angenehme Weise arbeiten.

Seelsorgerische Berater, die nicht einer speziellen Kirche oder Synagoge verbunden sind, stehen Ihnen ebenfalls durch die seelsorgerischen Beratungsdienste zur Verfügung. Sie ziehen vielleicht diese Dienste vor, wenn Sie sich bei der Therapie eine spirituelle und religiöse Komponente wünschen und keiner Kirche angeschlossen sind oder wenn Sie empfinden, daß die relative Anonymität eines solchen Beratungsdienstes Ihren persönlichen Bedürfnissen besser entspricht.

Gruppentherapie

Es könnte in Ihrem Bezirk Trauergruppen geben, die Ihnen ebenfalls beistehen und helfen können. Sie können dafür sorgen, daß Sie Kontakt zu anderen Menschen bekommen, die ebenfalls einen Verlust erfahren haben. Sie können versuchen, eine Schulung zu erhalten, die Ihnen hilft zu verstehen, was Ihnen gerade widerfährt, und Gelegenheit zum Austausch Ihrer Erfahrungen bietet, ein wichtiger Bestandteil des Trauerns. Trauergruppen werden von Menschen geleitet, die Erfahrung mit Trauernden haben, und treffen sich im allgemeinen regelmäßig an öffentlichen Orten oder in den Räumen der entsprechenden Organisationen.

Vielleicht bevorzugen Sie es, mit einer Gruppe zu arbeiten anstelle einer Einzel- oder Familientherapie. Vielleicht fühlen Sie aber auch, daß für Sie beides beim Ansprechen des schrecklichen Verlustes, den sie erlitten haben, hilfreich sein könnte.

Einige Gruppen sind „offen" – das heißt, Sie können ihnen jederzeit beitreten. In solchen Gruppen werden Sie Menschen auf verschiedenen Stufen des Trauerns und Bewältigens finden. Sie werden begrüßt und unterstützt von anderen, die „dort gewesen" sind. In der Zeit, die Sie in der Gruppe bleiben, werden einige Mitglieder weggehen und andere hinzukommen. Jeder kann an der Gruppe nach Bedarf teilnehmen.

Andere Gruppen heißen „geschlossen". Sie treffen sich zu einer bestimmten Anzahl von Sitzungen. Häufig treffen Sie sich vor der Gruppensitzung allein mit dem Gruppenleiter, so daß Sie Gelegenheit haben, Ihre persönlichen Probleme und Bedenken zuerst mit einem einzelnen Menschen zu besprechen. Alle Mitglieder beginnen gemeinsam mit der ersten Sitzung, und es wird erwartet, daß sie für die geplante Anzahl von Sitzungen in der Gruppe bleiben. Niemand kann der Gruppe nach der ersten Sitzung noch beitreten, und die Gruppe entwickelt Beziehungen und Themen von innen heraus. Solche Gruppen haben einen festen Anfang, eine Mitte und ein Ende, und es kann auch sein, daß unterschiedliche Themen in den Sitzungen besprochen werden. Einige Gruppen stellen auch Verluste besonderer Art in den Vordergrund, wie Totgeburt, Selbstmord oder Tod durch eine besondere Krankheit.

Trauergruppen könnten durch Ihr nahegelegenes Krankenhaus gefunden werden, das vielleicht solche Gruppen auch finanziert. Hospize haben oft Trauergruppen, von denen manche für Hospiz-Familien sind und andere der Allgemeinheit offen stehen. Erfahrene Therapeuten mit einer privaten Praxis können auch auf Trauergruppen spezialisiert sein. Diese Gruppen sind meistens kostenlos oder verlangen die Erstattung der Selbstkosten.

Selbsthilfegruppen

Selbsthilfegruppen unterscheiden sich von der Gruppentherapie dadurch, daß sie Gruppen von Gleichrangigen sind, die keine professionelle Leitung haben. Selbsthilfegruppen setzen sich aus Menschen zusammen, die eine gemeinsame Erfahrung gemacht haben, wie den Verlust eines Kindes, und die zusammenkommen, um sich zu unterstützen und zu trösten, Erfahrungen und Probleme auszutauschen und Auskünfte zu erhalten. Selbsthilfegruppen haben sich als äußerst erfolgreich erwiesen in der Hilfe für Menschen mit allen möglichen Problemen. Eines der ältesten Beispiele sind die Anonymen Alkoholiker. Es gibt Selbsthilfegruppen für die vielfältigsten Probleme von Eßproblemen bis zum Spielen, Drogen, Kindesmißbrauch, Verwitwung, Scheidung und vieles andere.

Eltern, die ein Kind verloren haben, haben einige solcher Selbsthilfegruppen eingerichtet. In Ihrem Wohngebiet mag es mehrere geben, und Sie können an einer oder allen teilnehmen. Einige Eltern finden eine Selbsthilfegruppe mit regelmäßigen Treffen hilfreich. Andere besuchen die Treffen in Zeiten besonderen Schmerzes oder besonderer Schwierigkeiten. Manche besuchen mehrere Gruppen und erfahren Hilfe und Trost von jeder. Selbsthilfegruppen sind beweglich und akzeptieren alle Eltern, die kommen möchten.

Es ist nicht nötig, daß Sie aktiv teilnehmen, damit Sie eine Selbsthilfegruppe besuchen und Hilfe von ihr erhalten können. Sie möchten vielleicht Ihre Geschichte erzählen, Rat erbitten, Ihre Gefühle ausdrücken oder ein Problem besprechen. Sie möchten vielleicht nur zuhören. Ob Sie zuhören oder Anteil nehmen, weinen oder lachen, ruhig dasitzen oder sich anderen zuwenden, Sie werden merken, daß Sie sowohl geben als auch nehmen.

Viele Eltern, die sich an Selbsthilfegruppen wandten, als sie ein Kind verloren hatten, stellten fest, daß sie eine beständige Quelle der Kraft waren, und besuchen sie noch lange, nachdem der unmittelbare, überwältigende Schmerz sich gemildert hat. Viele finden, daß sie anderen Eltern, die erst vor kurzer Zeit ein Kind verloren haben, helfen können. Ob Sie Ihr Kind gestern oder vor dreißig Jahren verloren haben, Selbsthilfegruppen könnten Ihnen die Fürsorge und das Verständnis entgegenbringen, die Sie brauchen.

Ihr lokales Krankenhaus und Hospiz besitzen Informationen über Selbsthilfegruppen, wie auch Ihre lokalen sozialen Dienste.

Selbsthilfegruppen für verwaiste Eltern werden vermittelt durch:

Verwaiste Eltern in Deutschland e. V.
-Bundesstelle-
Fuhrenweg 3, 21391 Reppenstedt
Telefon: 0 41 31 / 6 80 32 32
Fax: 0 41 31 / 68 11 40
www.veid.de

In Deutschland bestehen inzwischen über 250 Gruppen für Verwaiste Eltern. Etwa 50 sind im Entstehen (Ansprechpartner). Ein **Bundesverband**, der die Gruppen zusammenfaßt, wurde in Berlin gegründet und im Januar 1998 als Verein eingetragen.

Verwaiste Eltern München e.V.
St. Wolfgangs-Platz 9, 81669 München
Telefon: 0 89 / 48 08 89 90
Fax: 0 89 / 4 80 88 99 33

Verwaiste Eltern Steinhagen e.V.
Postfach 1262, 33803 Steinhagen
Telefon: 0 52 04 / 79 10
Fax: 0 52 04 / 60 66

Verwaiste Eltern Hamburg e.V.
Esplanade 15, 20354 Hamburg
Telefon: 0 40 / 35 50 56 44
Fax: 0 40 / 35 71 87 67

Verwaiste Eltern Berlin und Umland
Hubertusstr. 29 C, 15537 Grünheide
Telefon und Fax: 0 33 62 / 2 67 70

Verwaiste Eltern Sachsen
Weinbergstr. 51, 04610 Meusewitz
Telefon: 0 34 48 / 70 24 79

Eltern, die ihr Kind durch eine Fehl- oder Totgeburt oder durch den Plötzlichen Kindstod verloren haben, bekommen auch unter den folgenden Adressen Selbsthilfegruppen vermittelt:

„Regenbogen" Glücklose Schwangerschaft e.V.
In der Schweiz 9, 72636 Frickenhausen
Telefon: 0 55 65/13 64
Mo.–Fr. 9–12 Uhr

GEPS Deutschland e. V. (Gemeinsame Elterninitative
Plötzlicher Säuglingstods/Elternselbsthilfeorganisation)
Rheinstr. 26, 30519 Hannover
Telefon: 05 11/8 38 62 02
Fax: 05 11/8 38 62 02

Betroffene in der **Schweiz** erhalten unter folgender Anschrift die Adressen von Kontaktstellen, die Selbsthilfegruppen vermitteln:

Stiftung KOSCH – Koordination und Förderung
von Selbsthilfegruppen in der Schweiz
Langenstr. 12
CH-4053 Basel
Telefon: 0 61/3 33 86 01
Fax: 0 61/3 33 86 02
http://www.kosch.ch

Betroffene in **Österreich** können sich an die folgende Adresse wenden, um die Adressen von Selbsthilfegruppen zu erfahren:

SIGIS – Service- und Informationsstelle für Gesundheits-
initiativen und Selbsthilfegruppen
im Fonds Gesundes Österreich
Mariahilferstr.176/8
A-1150 Wien
Telefon: 01/8 95 04 00
http://www.fgoe.org/sigisi.htm

Literatur

Baßler, M/Schins, M.-Th.: „Warum gerade mein Bruder?" Trauer um Geschwister. Erfahrungen, Berichte, Hilfen, Reinbek (Rowohlt) 1992.

Grollman, Earl A.: Laß deiner Trauer Flügel wachsen, Freiburg (Herder Spektrum 5099) 1998.

Grollman, Earl A.: Mit Kindern über den Tod sprechen. Ein Ratgeber für Eltern, Konstanz (Verlagsgesellschaft des Erziehungsvereins) 1991.

Kast, Verena: Sich einlassen und loslassen. Neue Lebensmöglichkeiten bei Trauer und Trennung, Freiburg (Herder Spektrum 4888), 11. Aufl. 2001.

Kübler-Ross, Elisabeth: Kinder und Tod, Zürich (Kreuz), 6. Aufl. 1995.

Kübler-Ross, Elisabeth: Über den Tod und das Leben danach, Güllesheim (Silberschnur), 10. Aufl. 1989.

Kushner, Harold S.: Wenn guten Menschen Böses widerfährt, Gütersloh (GTB), 5. Aufl. 1997.

Levine, Stephen: Sein lassen. Heilung im Leben und im Sterben, Bielefeld (Context) 1995.

Levine, Stephen: Sich öffnen ins Leben. Begegnungen und Gespräche mit Schwerkranken, Sterbenden und Trauernden, Freiburg (Herder Spektrum 4999) 1996.

Livingston, Gordon: Nur der Frühling. Eine Familie bewältigt den Tod ihres Kindes, Hamburg (Hoffmann & Campe) 1997.

Moody, Raymond A./Perry, Paul: Das Licht von drüben. Neue Fragen und Antworten, Reinbek (Rowohlt) 1989.

Moody, Raymond A.: Leben nach dem Tod, Reinbek (Rowohlt) 1977.

Morse, Melvin/Perry, Paul: Zum Licht. Was wir von Kindern lernen können, die dem Tod nahe waren, München (Goldmann) 1994.

Müller, Monika/Schnegg, Matthias: Unwiederbringlich – Vom Sinn der Trauer. Hilfen bei Verlust und Tod, Freiburg (Herder Spektrum 5159) 1997

Rothman, Juliet: Saying Goodbye to Daniel, New York (Continuum) 1995.

Student, Johann-Christoph (Hrsg.): Im Himmel welken keine Blumen. Kinder begegnen dem Tod, Freiburg (Herder Spektrum 4967), 5. Aufl. 2000.

Tausch-Flammer, Daniela/Bickel, Lis: Wenn ein Mensch gestorben ist – wie gehen wir mit dem Toten um? Anregungen und Hilfen, Freiburg (Herder Spektrum 4978), 2000.

Tausch-Flammer, Daniela/Bickel, Lis: Wenn Kinder nach dem Sterben fragen. Ein Begleitbuch für Kinder, Eltern und Erzieher, Freiburg (Herder Spektrum 4882), 3. Aufl. 2001.

Voss-Eiser, Mechtild (Hrsg.): Noch einmal sprechen von der Wärme des Lebens...Texte aus der Erfahrung von Trauernden. Vorwort von Jörg Zink, Freiburg (Herder Spektrum 4995) 4. Aufl. 2001.